Голоса

Student Workbo

ГОЛОСА: A Basic Course in Russian (Sixth Edition), strikes a true balance between communication and structure. It takes a contemporary approach to language learning by focusing on the development of functional competence in the four skills (listening, speaking, reading, and writing), as well as the expansion of cultural knowledge. It also provides comprehensive explanations of Russian grammar along with the structural practice students need to build accuracy.

The sixth edition of this bestselling communicatively based text for beginning Russian has been updated by putting a greater focus on contemporary culture and simplified, visual grammar explanations that will better engage students. Books One and Two are a basic proficiency-oriented complete course in Russian language designed to bring students to the ACTFL Intermediate range in speaking (A2/B1 on the CEFR scale) after 200−250 classroom contact hours, or two years of academic study. The program also covers the basic morphology of Russian (declension, case government, conjugation). The program has been the bestseller as a college Russian textbook through five editions since 1993. It is designed to be the principal textbook for a two-year college sequence running at 3 to 5 hours a week — a total of 150 to 250 hours of face-to-face instruction at the college level, double at the high school level.

ГОЛОСА is divided into two books (Book One and Book Two) of ten units each. The units are organized thematically, and each unit contains dialogs, texts, exercises, and other material designed to enable students to read, speak, and write about the topic, as well as to understand simple conversations. The systematic grammar explanations and exercises enable students to develop a conceptual understanding and partial control of all basic Russian structures. This strong structural base enables students to accomplish the linguistic tasks and prepares them for further study of the language. Print and eTextbooks are accompanied by a Student Workbook and a rich companion website (www.routledge.com/cw/golosa) offering audio and video material and fully integrated exercises to use alongside the text. The companion website, powered by Lingco, is fully available for separate purchase from Lingco. Teachers can preview the new companion websites and create their courses.

For resources on how to set up and customize your course, please visit the Help Center on the Lingco Language Labs website at www.lingco.io. It includes articles that explain how the platform works and what you can do with it.

Students may join their teacher's course on Lingco and will be able to enter their access code or purchase access at any point in the 14-day grace period that begins on the first date of access. Students receive 12 months of access that begins after a free 14-day grace period.

Multimedia (audio and video) for *ГОЛОСА* is found exclusively on the companion website.

Richard M. Robin, Professor of Slavic Linguistics and International Affairs is the Russian language program director at the George Washington University. Within the field of Russian language pedagogogy, he specializes in language proficiency assessment, listening comprehension, and the use of authentic media in the lower levels of instruction. Over the last thirty years, he has collaborated on a half-dozen Russian language textbooks.

Karen Evans-Romaine, Professor of Russian, is co-director of the Russian Language Flagship program at the University of Wisconsin–Madison. She and Russian Flagship co-director Dianna Murphy have co-edited a volume, *Exploring the US Language Flagship Program: Professional Competence in a Second Language by Graduation* (2017) and have co-authored articles on pedagogical and co-curricular practices in the Russian Flagship. Evans-Romaine teaches Russian language, literature, and culture.

Galina Shatalina, Professor of Russian, is the Russian course coordinator for the George Washington University.

Голоса

A Basic Course in Russian
Book One

Sixth Edition

Richard M. Robin
Karen Evans-Romaine
Galina Shatalina

Sixth edition published 2023
by Routledge
4 Park Square, Milton Park, Abingdon, Oxon OX14 4RN

and by Routledge
605 Third Avenue, New York, NY 10158

Routledge is an imprint of the Taylor & Francis Group, an informa business

© 2023 Richard M. Robin, Karen Evans-Romaine, Galina Shatalina
Cover image © 2023 Richard M. Robin

The right of Richard M. Robin, Karen Evans-Romaine, and Galina Shatalina to be
identified as authors of this work has been asserted in accordance with sections 77 and
78 of the Copyright, Designs and Patents Act 1988.

All rights reserved. No part of this book may be reprinted or reproduced or utilised in any
form or by any electronic, mechanical, or other means, now known or hereafter invented,
including photocopying and recording, or in any information storage or retrieval system,
without permission in writing from the publishers.

Trademark notice: Product or corporate names may be trademarks or registered
trademarks and are used only for identification and explanation without intent to infringe.

First edition published by Prentice Hall 1994
Fifth edition published by Pearson 2012

British Library Cataloguing-in-Publication Data
A catalogue record for this book is available from the British Library

Library of Congress Cataloging-in-Publication Data
A catalog record is available upon request.

ISBN: 9780367612900 (hbk)
ISBN: 9780367612894 (pbk)
ISBN: 9781003105022 (ebk)
DOI: 10.4324/9781003105022

Typeset in Literaturnaya
This book has been prepared from camera-ready copy provided by Richard M. Robin.

Companion Website: www.routledge.com/cw/golosa

CONTENTS

Имя и фамилия *Пётр   Ковальчик*

Ковальчук

АЛФАВИТ

Числительные

Пётр   Ковальчик

Ковальчик

Ковальчик

A-01. You will now learn numbers 0−10.

0.	ноль	6.	шесть	10.	де́сять	5.	пять
1.	оди́н	7.	семь	9.	де́вять	4.	четы́ре
2.	два	8.	во́семь	8.	во́семь	3.	три
3.	три	9.	де́вять	7.	семь	2.	два
4.	четы́ре	10.	де́сять	6.	шесть	1.	оди́н
5.	пять					0.	ноль

A-02. Listen to the recording and write down the numbers you hear (in figures, not in words!).

1. ____	8. ____	15. ____
2. ____	9. ____	16. ____
3. ____	10. ____	17. ____
4. ____	11. ____	18. ____
5. ____	12. ____	19. ____
6. ____	13. ____	20. ____
7. ____	14. ____	21. ____

A-03. Listen to the recording and cross out the numbers you hear.

а. 1 2 3 4 5 6 7 8 9 10

б. 11 12 13 14 15 16 17 18 19 20

🎧 Давайте послушаем и почитаем

Listening and Reading

A-04. Listen to the list of the authors to be covered in a literature class.

❑ Аксёнов	❑ Лимонов	❑ Солженицын
❑ Гончаров	❑ Набоков	❑ Толстой
❑ Горький	❑ Олеша	❑ Тургенев
❑ Достоевский	❑ Пушкин	❑ Чехов
❑ Лермонтов	❑ Синявский	❑ Чуковский

2. Will the course cover ◯ 19th- or ◯ 20th-century literature?

A-05. Listen to the itinerary for a trip and select the cities named.

❑ Владивосток	❑ Ялта	❑ Санкт-Петербург
❑ Смоленск	❑ Томск	❑ Одесса
❑ Витебск	❑ Иркутск	❑ Новосибирск
❑ Москва	❑ Хабаровск	❑ Омск

A-06. Listen to the list of lottery prizes and check off the ones named.

❑ телевизор «Самсунг»	❑ радиоприёмник «Грюндиг»
❑ электронный саксофон «Касио»	❑ мобильный телефон «Нокия»
❑ компьютер «Дэлл»	❑ диван «Гранд»
❑ самовар «Антиквар»	❑ гитара «Фендер»
❑ автомобиль «Форд Фокус»	❑ принтер «Эпсон»
❑ фотоаппарат «Канон»	❑ мотоцикл «Урал»
❑ пианино «Фазер»	❑ шоколад, набор «Красный Октябрь»

A-07. Listen to the announcer read the names of people to be invited to a party; check off the names you hear.

❏ Боская Анна Сергеевна

❏ Вишевская Наталья Николаевна

❏ Владимиров Григорий Николаевич

❏ Владимирова Зинаида Васильевна

❏ Гагарин Павел Павлович

❏ Литвинов Николай Михайлович

❏ Иванов Дмитрий Ильич

❏ Иванова Елена Владимировна

❏ Павлова Мария Петровна

❏ Петров Пётр Павлович

❏ Шукшин Сергей Петрович

A-08. Russian authors. Listen to the names of a number of famous Russian authors. Write in the last names to the first names and patronymics below.

1. Анна Андреевна _____   Ахматова

2. Александр Исаевич _____   Ахмадулина

3. Белла Ахатовна _____   Гиппиус

4. Виктор Олегович _____   Достоевский

5. Зинаида Николаевна _____   Лермонтов

6. Антон Павлович _____   Пастернак

7. Борис Леонидович _____   Пелевин

8. Лев Николаевич _____   Солженицын

9. Марина Ивановна _____   Толстая

10. Людмила Евгеньевна _____   Толстой

11. Михаил Юрьевич _____   Улицкая

12. Фёдор Михайлович _____   Цветаева

13. Татьяна Никитична _____   Чехов

Давайте почитаем

Reading

Recognizing printed Russian letters

A-09. The following Russian words are cognates—they may not look like their English counterparts, but they sound like them. Match the Russian and English words. Write the letter of the English word next to the number of its Russian equivalent.

1.	_a_ дива́н	a.	couch
2.	_f_ компью́тер	b.	radio
3.	_e_ телефо́н	c.	television
4.	_b_ ра́дио	d.	chair
5.	_d_ стул	e.	telephone
6.	_c_ телеви́зор	f.	computer
7.	_i_ бана́н	g.	grapefruit
8.	_h_ ко́фе	h.	coffee
9.	_j_ лимо́н	i.	banana
10.	_g_ грейпфру́т	j.	lemon
11.	_m_ зе́бра	k.	leopard
12.	_n_ тигр	l.	giraffe
13.	_k_ леопа́рд	m.	zebra
14.	_l_ жира́ф	n.	tiger
15.	_q_ гита́ра	o.	trombone
16.	_r_ кларне́т	p.	flute
17.	_t_ пиани́но	q.	guitar
18.	_s_ саксофо́н	r.	clarinet
19.	_o_ тромбо́н	s.	saxophone
20.	_p_ фле́йта	t.	upright piano

A-10. State names. Fill in the names of ther darkened states on the map.

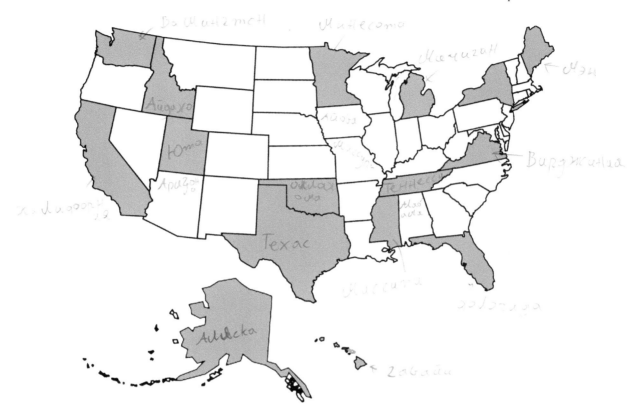

Айда́хо, Айо́ва, Алаба́ма, Аля́ска, Аризо́на, Арканза́с, Вайо́минг, Вашингто́н, Вермо́нт, Вирги́ния, Виско́нсин, Де́лавэр, Джо́рджия, За́падная Вирги́ния, Иллино́йс, Индиа́на, Калифо́рния, Канза́с, Кенту́кки, Колора́до, Коннѐктикут, Луизиа́на, Массачусѐтс, Миннесо́та, Миссиси́пи, Миссу́ри, Мичига́н, Монта́на, Мэн, Мэ́риленд, Небра́ска, Нева́да, Нью-Джѐрси, Нью-Йо́рк, Нью-Мѐксико, Нью-Хэ́мпшир, Ога́йо, Оклахо́ма, Округ Колу́мбия, Орего́н, Пенсильва́ния, Род-Айленд, Сѐверная Дако́та, Сѐверная Кароли́на, Тѐннесси, Теха́с, Фло́рида, Южная Дако́та, Южная Кароли́на, Юта

A-11. Select the letter of the country which matches each numbered capital.

1. _____ Берлин a. Испания
2. _____ Лондон b. Китай
3. _____ Оттава c. Германия
4. _____ Вашингтон d. Англия
5. _____ Париж e. Япония
6. _____ Рим f. США
7. _____ Токио g. Италия
8. _____ Пекин h. Франция
9. _____ Мадрид i. Канада

A-12. Read the text below and select answers to the questions on the text.

Меня зовут Анна. Я студентка. Я живу в Москве. Мама и папа тоже живут в Москве. Кто они? Мама инженер, а папа журналист.

1. This person's first name (as spelled in English letters) is _____.

2. What does she do?
   - ○ Works
   - ○ Goes to school
   - ○ Is unemployed
   - ○ Is retired

4. Her mother is....
   - ○ an engineer
   - ○ a journalist
   - ○ unemployed
   - ○ retired

3. She and her parents live in the same...
   - ○ country
   - ○ city
   - ○ house

5. Her father is....
   - ○ an engineer
   - ○ a journalist
   - ○ unemployed
   - ○ retired

A-13. Palatalization: Hard vs. soft consonants. The labels have been mixed up from the columns in the following table.

Animals	Months	Concepts	Family

янва́рь, мать, зе́бра, либерали́зм, февра́ль, ма́ма, ти́гры, консервати́зм, ию́нь, сын, леопа́рд, коммуни́зм, а́вгуст, демокра́тия, октя́брь, идеоло́гия

Now go back through the list. Identify:

2 soft л's   2 soft д's
2 soft т's   1 soft з
2 soft н's   1 soft с

A-14. Recognizing italic Russian letters. Write the letter of the italicized word next to its non-italicized equivalent.

_____ дива́н

_____ стул

_____ телеви́зор

_____ бана́н

_____ ко́фе

_____ лимо́н

_____ грейпфру́т

_____ зе́бра

_____ тигр

_____ леопа́рд

_____ жира́ф

_____ гита́ра

_____ кларне́т

_____ пиани́но

a. *бана́н*

b. *гита́ра*

c. *грейпфру́т*

d. *дива́н*

e. *зе́бра*

f. *кларне́т*

g. *ко́фе*

h. *леопа́рд*

i. *лимо́н*

j. *пиани́но*

k. *стул*

l. *телеви́зор*

m. *тигр*

n. *жира́ф*

A-15. Recognizing cursive Russian letters. Write the letter of the cursive
subject next to its printed counterpart.

1. __d__ матема́тика
2. __g__ биоло́гия
3. __a__ хи́мия
4. __c__ исто́рия
5. __i__ францу́зский язы́к
6. __j__ ру́сская литерату́ра
7. __b__ ру́сский язы́к
8. __e__ англи́йский язы́к
9. __f__ францу́зская исто́рия
10. __h__ америка́нская литерату́ра

a. *химия*
b. *русский язык*
c. *история*
d. *математика*
e. *английский язык*
f. *французская история*
g. *биология*
h. *американская литература*
i. *французский язык*
j. *русская литература*

A-16. Recognizing cursive Russian letters. Write the letter of the cursive subject next to its printed counterpart. Then select the letter of the cursive word that would be a good title for the entire list.

1. ___c___ гитари́ст
2. ___d___ музыка́нты
3. ___e___ пиани́ст
4. ___a___ саксофони́ст
5. ___b___ органи́ст

a. *саксофонист*
b. *органист*
c. *гитарист*
d. *музыканты*
e. *пианист*

6. Select the letter of the cursive word which would be a good title for the entire list: ___a___

A-17. Recognizing cursive Russian letters. Write the letter of the cursive name next to its printed counterpart.

1. ___b___ Страви́нский
2. ___e___ Проко́фьев
3. ___d___ Чайко́вский
4. ___g___ Му́соргский
5. ___f___ Шостако́вич
6. ___c___ Ри́мский-Ко́рсаков
7. ___a___ Гли́нка

a. *Глинка*
b. *Стравинский*
c. *Римский-Корсаков*
d. *Чайковский*
e. *Прокофьев*
f. *Шостакович*
g. *Мусоргский*

8. Select the best general title for this group.
   - ○ writers
   - ○ artists
   - ◑ composers
   - ○ Soviet leaders

A-18. Recognizing cursive Russian letters. Write the letter of the cursive name next to its printed counterpart.

1. ___d___ хокке́й
2. ___h___ бейсбо́л
3. ___j___ футбо́л
4. ___e___ фильм
5. ___k___ гольф

a. *регби*
b. *гимнастика*
c. *волейбол*
d. *теннис*
e. *фильм*

6. ___i___ баскетбóл   f. *хоккей*

7. ___c___ волейбóл   g. *бокс*

8. ___b___ гимнáстика   h. *бейсбол*

9. ___g___ бóкс   i. *баскетбол*

10. ___d___ тéннис   j. *футбол*

11. ___a___ рéгби   k. *гольф*

12. Write the letter of the word which does not match the others in this category:

    ___e___ .

13. Select the best title for this category:
    - ● Sports
    - ○ Toys
    - ○ Board games

A-19. Write one line of each capital and lowercase letter.

А а _А а А а А а_ _____

Б б _Б б Б б Б б_ _____

В в _В в В в В в_ _____

Г г _Г г Г г Г г_ _____

Д д _Д д Д д Д д_ _____

Е е _Е е Е е Е е_ _____

Ё ё _Ё ё Ё ё Ё ё_ _____

Ж ж _Ж ж Ж ж Ж ж_ _____

З з _З з З з З з_ _____

И и _И и И и И и_ _____

Й й _____ _____

К к _____ _____

Л л _____ _____

М м _____ _____

Н н _____ _____

О о _____ _____

П п _____ _____

Р р _____ _____

С с _____ _____

Т т _____ _____

У у _____ _____

Ф ф _____ _____

Х х _____ _____

Ц ц _____ _____

Ч ч _____ _____

Ш ш _____ _____

Щ щ _____ _____

ъ _____

ы _____

Имя и фамилия _____

ь _ь_ _ь_ _ь_ _____

Э э _Э э_ _Э э_ _Э э_ _____

Ю ю _Ю ю_ _Ю ю_ _Ю ю_ _____

Я я _я я я я я я_ _____

A-20. Copy the following state names in cursive.

Айдахо _Айдахо_____

Пенсильвания _Пенсильвания_____

Мэн _Мэн_____

Вермонт _Вермонт_____

Аризона _Аризона_____

Флорида _Флорида_____

Джорджия _Джорджия_____

Огайо _Огайо_____

Техас _Техас_____

Алабама _Алабама_____

Калифорния _Калифорния_____

Арканзас _Арканзас_____

Кентукки _Кентукки_____

Юта _Юта_____

Мичиган _Мичиган_____

Вашингтон _Вашингтон_____

А-21. Copy the following city names in cursive. Check the U.S. cities. Put a star next to the cities you have visited.

Кишинёв _Кишинёв_____

Гамбург _Гамбург_____

Нью-Йорк _Нью-Йорк_____

Чикаго _Чикаго_____

Бразилия _Бразилия_____

Литл-Рок _Литл-Рок_____

Уичито _Уичито_____

Цинциннати _Цинциннати_____

Сент-Луис _Сент-Луис_____ ⋆ _____

Ялта _Ялта_____

А-22. Write your name in cursive in Russian.

_____ *Петр* _____

5

УРОК 1 НЕМНОГО О СЕБЕ

🎧 Устные упражнения

To do these exercises follow the examples in the recording. Compare your answer with the correct response. Do each exercise several times. You will know you have active control of the forms when you can supply the correct answers without hesitation.

Oral Drill 1 (Greetings). How would you say hello to the following people the first time you meet them during the day? Use **Здра́вствуйте!** or **Здра́вствуй!**

Образец:
Еле́на Макси́мовна Здра́вствуйте, Еле́на Макси́мовна!

Ма́ма
Здра́вствуй, ма́ма!

Ле́на, Та́ня, Ви́тя
Здра́вствуйте, Ле́на, Та́ня и Ви́тя!

Продолжа́йте!

Ди́ма

Ди́ма и Са́ша

Алекса́ндр Петро́вич

Та́ня

Ната́лья Петро́вна

Oral Drill 2 (Greetings) How would you greet someone at the times shown? Use **Доброе у́тро!**, **До́брый день!**, or **До́брый ве́чер!** Proceed vertically.

Образец:

Доброе у́тро!

До́брый ве́чер!

Продолжайте!

а.

б.

в.

г.

д.

е.

Oral Drill 3 (3. Nationality and gender — америка́нец vs. америка́нка)

Indicate that the following people are Americans.

Образец:

Джон   ⟹   Джон америка́нец.

Продолжа́йте!

Мэ́ри, Джим, Ли́нда, Кэ́рол, Эван, Ма́рвин, Кэ́трин, Джейн, Мэ́тью, Ке́вин

Oral Drill 4 (3. Nationality and gender — кана́дец vs. кана́дка) Indicate that the following people are Canadians.

Образец:

Кто Са́ра?   ⟹   Са́ра кана́дка.
А Ро́берт?   ⟹   Ро́берт кана́дец.

Продолжа́йте!

Джон, Кен, Кэ́рол, Энн, Фред

Oral Drill 5 (3. Students and gender — студе́нт vs. студе́нтка) Practice asking the following people whether they are students. Hint: This drill also gives you a chance to learn some common Russian first names. Put a check mark next to the men's names.

Образец:

Ната́ша   ⟹   Ната́ша, ты студе́нтка?

Продолжа́йте!

Алекса́ндр, Серёжа, Бо́ря, Ве́ра, Никола́й, Ка́тя, Та́ня, Ва́ня, Анато́лий, Оля

Oral Drill 6 (4. Gender of modifier "my") Indicate that the following people are your relatives or friends.

Образец:

Это ма́ма.   ⟹   Это моя́ ма́ма.
Это друг.   ⟹   Это мой друг.

Продолжа́йте!

Это сестра́. Это оте́ц. Это брат. Это подру́га. Это друг. Это ма́ма.

Oral Drill 7 (7. В + prepositional case to indicate location) Indicate where the following people are.

Образец:

Где Аня? (институ́т)   ⟹   Аня в институ́те.
А где Ната́ша? (магази́н)   ⟹   Ната́ша в магази́не.

Продолжа́йте!

Анто́н (музе́й)	⟹	Вади́м (шко́ла)
Мэ́ри (парк)	⟹	Бори́с Петро́вич (теа́тр)
Анна Васи́льевна (рестора́н)	⟹	Са́ша (университе́т)
друг (Росси́я)	⟹	сестра́ (институ́т)

Oral Drill 8 (7. В + prepositional case to indicate location) How would the inhabitants of these places indicate where they live?

Образец:

Где ты живёшь? (Москва́) ⟹ Я живу́ в Москве́.

Продолжа́йте!

Санкт-Петербу́рг, Омск, Ирку́тск, Но́вгород, Волгогра́д, Арме́ния, Хаба́ровск, Новосиби́рск, Росси́я, Ла́твия, Вашингто́н, Нью-Йо́рк, Бо́стон, Лос-Анджелес, Сиэ́тл, Сент-Лу́ис, Нева́да, Вирги́ния, Калифо́рния

Oral Drill 9 (7. В + prepositional case to indicate location) How would students who go to college in these cities indicate where they are studying?

Образец:

Где вы у́читесь? (Москва́) ⟹ Я учу́сь в Москве́.

Продолжа́йте!

Санкт-Петербу́рг, Воро́неж, Екатеринбу́рг, Пятиго́рск, Новоросси́йск, Смоле́нск, Новосиби́рск, Вашингто́н, Нью-Йо́рк, Бо́стон, Лос-Анджелес, Сиэ́тл, Сент-Лу́ис, По́ртленд

Oral Drill 10 (7. В + prepositional case to indicate location). How would students at these institutions indicate where they are studying?

Образец:

Где вы у́читесь? (университет) ⟹ Я учу́сь в университе́те.

Продолжа́йте!

институ́т, шко́ла, университе́т

Oral Drill 11 (General Review). Listen to the dialog and fill in the missing words.

— Здра́вствуй! Я но́вый _____ .

— Очень _____ . Джон.

—Ви́ктор. _____ не америка́нец?

— _____ . _____ в Блу́мингтоне, штат

Индиа́на.

—Недалеко́ от Чика́го, да? А где ты у́чишься?

—Я _____ как раз в Чика́го.

—Вот как! Ну, _____ _____ с

тобо́й познако́миться.

— Мне то́же.

Числительные

01-01. You already know numbers 0—10. Listen to numbers 11—20.

11. одиннадцать
12. двенадцать
13. тринадцать
14. четырнадцать
15. пятнадцать

16. шестнадцать
17. семнадцать
18. восемнадцать
19. девятнадцать
20. двадцать

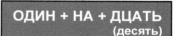
ОДИН + НА + ДЦАТЬ
(десять)

01-02. Listen to the recording and write down the numbers you hear (in figures, not in words!).

1. ____
2. ____
3. ____
4. ____
5. ____
6. ____

7. ____
8. ____
9. ____
10. ____
11. ____
12. ____

13. ____
14. ____
15. ____
16. ____
17. ____
18. ____

01-03. Listen to the recording and write down the numbers you hear (in figures, not in words!).

1. _____
2. _____
3. _____
4. _____
5. _____
6. _____
7. _____

8. _____
9. _____
10. _____
11. _____
12. _____
13. _____
14. _____

15. _____
16. _____
17. _____
18. _____
19. _____
20. _____
21. _____

Имя и фамилия _____

01-04. Listen to the recording and cross out the numbers you hear.

| a. | 1 | 2 | 3 | 4 | 5 | 6 | 7 | 8 | 9 | 10 |
| б. | 11 | 12 | 13 | 14 | 15 | 16 | 17 | 18 | 19 | 20 |

01-05. Listen to the following street addresses and fill in the blanks. Sometimes house numbers consist of digits alone, sometimes of digits plus a letter.

1. у́лица Плеха́нова, дом _____, кварти́ра _____.

2. Не́вский проспе́кт, дом _____, кварти́ра _____.

3. пло́щадь Револю́ции, дом _____, кварти́ра _____.

4. Светла́новский проспе́кт, дом _____, кварти́ра _____.

5. у́лица Ле́рмонтова, дом _____, кварти́ра _____.

6. у́лица Ле́нина, дом _____, кварти́ра _____.

7. Ки́ровский проспе́кт, дом _____, кварти́ра _____.

8. Мосфи́льмовская у́лица, дом _____, кварти́ра _____.

9. пло́щадь Побе́ды, дом _____, кварти́ра _____.

10. Центра́льная площадь, дом _____, кварти́ра _____.

🎧 Фонетика и интонация

Russian declarative intonation: Intonation Contour 1 (IC-1)

01-06. Listen to the recording contrasting the falling intonation of the following Russian statements with the rising intonation of their English counterparts.

English	Russian
My name is John. I'm a student.	Меня́ зову́т Джон. Я студе́нт.
I am an American.	Я америка́нец.
My name is Mary. I'm a student.	Меня́ зову́т Мэ́ри. Я студе́нтка.
I am Canadian.	Я кана́дка.
My last name is Smith. I live in Washington.	Моя́ фами́лия Смит. Я живу́ в Вашингто́не.
I go to college.	Я учу́сь в университе́те.
It's very nice to meet you.	Очень прия́тно познако́миться.
Me too.	Мне то́же.

01-07. Listen to the recording and repeat the sentences you hear, imitating the intonation as closely as you can.

Men	Women
Я студе́нт.	Я студе́нтка.
Я америка́нец.	Я америка́нка.
Я живу́ в Аме́рике.	Я живу́ в Аме́рике.
Я учу́сь в университе́те.	Я учусь в университе́те.

Имя и фамилия _____

Syllable stress

English and Russian have one thing in common: dynamic syllable stress. That means

1. The stress can fall on any syllable on a word, and where it falls is not necessarily predictable.

    English:

    We negotiate a **cón**tract.

    We might con**tráct** a disease.

Russian:

Столи́ца США — **Вашингто́н**.

Пе́рвый президе́нт США — Джордж **Ва́шингтон**.

2. The stressed syllable can be "draaaaaaawn out": **хорош-о-о-о!**

3. Changes in stress cause changes in vowel sounds. Think of *photo* and *photography*. ***Pho***to (stress on the first syllable) is spelled with two **o**'s, both of which you hear clearly. In *phot**o**graphy* the stress moves rightward, and the full rounded pronounciation of the **o**'s vanishes.

    The Alphabet Unit described a similar (but not identical) process for Russian vowels. More on that is ahead in **Vowel Reduction** on p. 24.

Before delving into the relationship between stress and vowel reduction in the next section, practice listening to the place of stress, both on familiar and unfamilar words.

01-08. Stress on familiar Russian words. Mark the stress on the syllable where you hear it fall. Ignore the words that are grayed out.

1. Здравствуйте!
2. Моя фамилия Смит.
3. Вы студентка?
4. Вы учитесь?

5. Я учусь.
6. Познакомимся.
7. Приятно.

01-09. Stress familiar place names. You'll probably recognize the places in the next list. But can you hear where the stress falls? Try it.

1. Канада
2. Теннесси
3. Сомали
4. Оттава
5. Панама

6. Техас
7. Канзас
8. Гондурас
9. Украина
10. Париж

01-10. Stress Russian names. Listen to each of the names. Mark the stress. Then decide whether the name is а фамилия, имя, ог отчество:

	фамилия	имя	отчество
Сергей	❑	❑	❑
Романова	❑	❑	❑
Владимирович	❑	❑	❑
Борис	❑	❑	❑
Каренина	❑	❑	❑
Илья	❑	❑	❑
Дмитриевна	❑	❑	❑
Мурядян	❑	❑	❑
Людмила	❑	❑	❑
Громоковский	❑	❑	❑

Vowel Reduction

01-11. Review the rules for pronouncing the letter **o** in unstressed syllables in the Alphabet Unit (**Алфавит**) of the textbook. Then listen to the following words in the recording, repeating them to yourself and imitating their pronunciation as closely as you can.

> Unstressed o → [a] or [ə]

1. зову́т
2. до свида́ния
3. познако́миться
4. прости́те
5. Москва́
6. прия́тно
7. о́тчество
8. у́тро

> Unstressed **e** → [ɪ]

1. америка́нец
2. америка́нка
3. о́тчество
4. о́чень
5. меня́

Письменные упражнения

01-12. (Cursive handwriting). Copy the following sentences, personalizing them as indicated.

Доброе утро! _____

Меня зовут ... _____

Я живу в городе ... _____

Я учусь в штате* ... _____

*For a list of states, see **maps.yandex.ru**.

01-13. (4. Gender of modifier "my"). Select the correct form of "my" for each context.

1. Это _____ мама.
   a. мой
   b. моя

2. Это _____ друг.
   a. мой
   b. моя

3. Это _____ отец.
   a. мой
   b. моя

4. Это _____ сестра.
   a. мой
   b. моя

5. Это _____ брат.
   a. мой
   b. моя

6. Это _____ подруга.
   a. мой
   b. моя

01-14. (7. Nominative case vs. prepositional case). Indicate which words are in the nominative case [N] and which ones are in the prepositional case [P].

1. Моя сестра [ ] студентка [ ].

2. Джим [ ] канадец [ ].

3. Я [ ] живу в России [ ].

4. Сан-Диего [ ] в Калифорнии [ ].

5. Ты [ ] живёшь в Москве [ ]?

6. Мой друг [ ] в университете [ ].

01-15. **(7. B + prepositional case to indicate location).** Provide the geographical information requested using the alphabetzied list of states and countries, following the model. Refer to **maps.yandex.ru** if you need to. ***Use the right case ending.***

Аризона, Грузия, Джорджия, Латвия, Литва, Массачусетс, Россия, Узбекистан, Флорида

Образец:

Рига находится _____*в Латвии*_____.   **нахо́дится** — is located

1. Бостон находится *в Массачусетс*_____.

2. Феникс находится *в Аризоне*_____.

3. Атланта находится *в Джорджии*_____.

4. Майами находится *в Флориде*_____.

5. Тбилиси находится *в Грузии*_____.

6. Воронеж находится *в России*_____.

7. Ташкент находится *в Узбекистане*_____.

8. Вильнюс находится *в Литве*_____.

01-16. **(7. B + prepositional case).** People from the following cities and states are asked where they live. What will they write?

Образец:

Бостон, Люси: «_____*Я живу в Бостоне*_____».

1. Нью-Йорк, Грег: «_*Я живу Нью-Йорке*_____».

2. Вашингтон, Ли: «_*Я живу Вашингтоне*_____».

3. Чикаго, Грэм: «_*Я живу Чикаго*_____».

Имя и фамилия _____

4. Лос-Анджелес, Максим: «_Я живу Лос-Анджелесе_».

5. Сан-Антонио, Мишель: «_Я живу Сан-Антонио_».

6. Денвер, Леон: «_Я живу Денвере_».

7. Сан-Диего, Марта: «_Я живу Сан-Диего_».

8. Филадельфия, Джоанна: «_Я живу Филадельфии_».

9. Цинциннати, Перси: «_Я живу Цинциннати_».

01-17. (7. Nominative vs. prepositional case). Где ты живёшь? Some of the place names below are in nominative and some are in prepositional. For each, pick the sentence for that word that fits it *grammatically*.

Образец:

You see: You write:

Москве   *Ты живёшь в Москве?*

Атланта   *Где находится Атланта?*

1. Новгород _____

2. Рига _____

3. Латвии _____

4. Армения _____

5. Грузии _____

6. Воронеж _____

7. Литве _____

8. Якутск _____

01-18. (7. Nominative vs. prepositional case). Кто где живёт? Tell who lives in what city. Then state where each city is located. If necessary use **maps.yandex.ru** or **wikipedia.ru** to find out.

Образцы:

Гайдар — Ереван *Гайдар живёт в Ереване. Ереван находится в Армении.*

Note that you'll be repeating two new forms: **живёт** (*lives*, as opposed to *I live, you live*) and **находится** — *is located.*

1. Оля — Иркутск _____.

2. Костя — Рига _____.

3. Нино — Тбилиси _____.

4. Алла — Сочи _____.

5. Саид — Баку _____.

6. Володя — Иркутск _____.

7. Алия — Бишкек _____.

01-19. Страница в Сети. Review the social networking web page on p. 47 in the textbook. What would you write to fill in the gray blanks about yourself in the slots on the next page?

Note the vocabulary items:

жéнский — female
мужскóй — male

Имя и фамилия _____

01-20. Вопросы. The questions in this dialog have been lost. Restore them.

1. — ~~Как тебя зовут?~~ _____
   — Меня зовут Ольга.

2. — ~~Как твоя фамилия?~~ _____
   — Смирнова.

3. — ~~Где ты живёшь?~~ _____
   — В Москве.

4. — _____
   — Да, я студентка.

5. — ~~Где ты учишься?~~ _____
   — Я учусь в университете.

Видео

Нужные слова

го́род — city

коренна́я — native born

центр — center; downtown

всю жизнь — entire life

люблю́ свой го́род и обожа́ю вас — I love my city and adore you

ра́ньше называ́лся... — previously it was called...

роди́лся (male), **родила́сь** (female) — was born

вы́рос (male), **вы́росла** (female) — grew up

сего́дня — today

большо́й — big

01-21. Имя, отчество, фамилия. Type the letter of the **фамилия** on the right that matches the **имя-отчество** on the left.

1. Александра (Саша) _f_
2. Алия _a_
3. Ануар _b_
4. Валерий Семёнович _c_
5. Екатерина (Катя) _h_
6. Зоя Османовна _d_
7. Юра _e_
8. Юрий Юрьевич _g_

   a. Акбарова
   b. Ангархаев
   c. Гущенко
   d. Казакова
   e. Кудряшов
   f. Кудряшова
   g. Петрушевский
   h. Шенгелия

01-22. Новые слова из контекста. Choose the word that best fits the English.

1. Я живу в [the capital of] нашей России . . .
   a. городе
   b. жизни
   c. столице
   d. центре

2. Я [have lived] всю жизнь в Москве.
    a. выросла
    b. познакомилась
    c. прожила
    d. родилась

3. Ленинград сегодня [is called] Санкт-Петербург.
    a. знакомится
    b. зовут
    c. называется
    d. находится

4. Я живу в Нурсултане. [Previously] этот город назывался Астана.
    a. Здесь
    b. Раньше
    c. Сегодня
    d. Сейчас

5. Я живу в городе Киев, но [was born] в городе Полтава.
    a. вырос
    b. зовут
    c. прожил
    d. родился

УРОК 2 ЧТО У МЕНЯ ЕСТЬ?

🎧 Устные упражнения

Do each short exercise several times. You will know you have active control of the forms when you can supply the correct answers without hesitation.

Oral Drill 1 (2. Plural nouns). Make these nouns plural.
Образец:
Это студе́нт   ⟹   Это студе́нты
Продолжа́йте!
чемода́н, докуме́нт, деклара́ция, университе́т, пода́рок, слова́рь, окно́, ку́ртка, тетра́дь, крова́ть, каранда́ш, ру́чка, рюкза́к, кот, ко́шка, соба́ка

Oral Drill 2 (3. Personal pronouns). Answer the questions. Follow the model.
Образец:
Где Мари́на   ⟹   Она́ здесь.
Продолжа́йте!
Где...? Вале́ра, Ли́нда, ма́ма, студе́нт, студе́нты, кана́дка, па́па, студе́нтка, америка́нцы, президе́нт

Oral Drill 3 (3. Personal pronouns). Answer the questions. Follow the model.
Образец:
Где соба́ка?   ⟹   Соба́ка? Вот она́.
Продолжа́йте!
Где...? докуме́нты, па́спорт, ку́ртка, чемода́н, су́мка, фотоаппара́т, кни́га, окно́, кот, маши́на, слова́рь, крова́ть, рюкза́к, тетра́дь, мел

Oral Drill 4 (4. Possessive pronouns). Respond that the following things are yours.

Образец:

Чей это чемода́н? ⟹ мой.

Продолжа́йте!

Чей это па́спорт? Чьё это окно́? Чья это соба́ка? Чей это слова́рь? Чья э́то оде́жда? Чьи э́то докуме́нты? Чья э́то ко́шка? Чьё э́то о́тчество? Чья э́то фотогра́фия? Чей э́то сви́тер? Чей э́то каранда́ш?

Oral Drill 5 (4. Possessive pronouns). Agree with everything.

Образец:

Это твоя́ ру́чка? ⟹ Моя́.

Продолжа́йте!

Это ваш па́спорт? Это их докуме́нты?
Это ва́ша маши́на? Это на́ши ру́чки?
Это твой каранда́ш? Это ва́ша соба́ка?
Это его́ рюкза́к? Это её журна́л?
Это ва́ша газе́та? Это твоя́ ку́ртка?

газе́та

журна́л

Oral Drill 6 (2. Plural nouns and 4. Possessive pronouns). Restate these sentences in the plural.

Образец:

Это мой чемода́н. ⟹ Это мои́ чемода́ны.

Продолжа́йте!

моя́ газе́та, твоя́ кни́га, мой журна́л, твой слова́рь, твоё окно́, твой каранда́ш, наш фотоаппара́т, моя́ тетра́дь, ва́ша студе́нтка, наш университе́т, ва́ше о́тчество, ваш рюкза́к, на́ша крова́ть

Oral Drill 7 (3. Personal pronouns and 4. Possessive pronouns). Respond to the following questions as in the model. Think about the meaning of the possessive words.

Образец:

Где мой па́спорт. ⟹ Ваш па́спорт? Вот он.

Продолжа́йте!

Где…? мои джи́нсы, моя́ руба́шка,
его́ ку́ртка, наш профе́ссор,
твой пода́рок, ва́ши докуме́нты,
её пла́тье, её компью́тер, твоя́
тетра́дь, на́ши ру́чки, твоё окно́

джи́нсы

руба́шка

пла́тье

Oral Drill 8 (4. Чей). Ask to whom these items belong.

Образец:

Вот докуме́нты. ⟹ Чьи это докуме́нты?

Продолжайте!

Вот... кни́га, па́спорт, маши́на, руба́шка, рюкза́к, каранда́ш, джи́нсы, крова́ть

Oral Drill 9 (4.Чей). Look at the pictures and ask to whom the items belong. Listen to the recording to check your answers.

Образец:

Чья э́то оде́жда?

Продолжайте!

а.

б.

в.

г.

д.

Oral Drill 10 (4. Possesive modifiers, 5. Adjectives, and 8. есть). Indicate the description of your possessions is accurate.

Образец:

У вас жёлтая руба́шка? ⟹ Да, моя́ руба́шка жёлтая.

Продолжайте!

У вас...? ста́рая соба́ка, небольшо́й слова́рь, но́вый журна́л, ру́сские кни́ги, зелёная ку́ртка, бе́лые джи́нсы, краси́вая маши́на, больша́я крова́ть

Oral Drill 11 (5. Adjectives and 8. есть). Now the description of your possessions is *in*accurate. Respond accordingly.

Образец:

У тебя больша́я маши́на? ⟹ Нет, ма́ленькая.

Продолжайте!

У тебя...? хоро́шая маши́на, но́вый моби́льник, интере́сный журна́л, ма́ленькая ко́шка, краси́вая маши́на, плоха́я аудито́рия, ма́ленькая крова́ть

Oral Drill 12 (5. Adjectives and 6. Како́й). Ask for information about the following items and indicate that they are new.

Образец:

Маши́на ⟹ — Кака́я тут маши́на? —Но́вая.

Продолжайте!

фотоаппара́т, та́почки, компью́тер, чемода́н, дома́, газе́та, города́, часы́, профессора́

Oral Drill 13 (3. It, 5. Adjectives, and 6. Како́й). Indicate what color the following items are.

Образец:

Кака́я у вас руба́шка? (yellow) ⟹ Руба́шка? Она́ жёлтая.

Продолжайте!

Кака́я у тебя маши́на? (red)

Како́й у тебя чемода́н? (brown)

Како́е у тебя пла́тье (blue)

Каки́е у тебя очки́? (black)

Какая у тебя тетра́дь? (green)

Какой у тебя костю́м? (gray)

пла́тье   костю́м

Oral Drill 14 (4. Чей and 6. Како́й, что). Here are the answers. *You* ask the questions.

Образцы:

Это большо́й университе́т. ⟹ Како́й э́то университе́т?

Это наш телеви́зор. ⟹ Чей э́то телеви́зор?

Это компью́тер. ⟹ Что э́то?

Продолжайте!
Это американская техника.
Это мой рюкзак.
Это наша кошка.
Это англо-русский словарь

Это интересная газета.
Это старые очки.
Это ручка и карандаш.

Oral Drill 15 (7. Это *vs.* этот). Ask if these items belong to the person you are talking to.

Образец:
Вот документы. $\implies$ Эти документы ваши?

Продолжайте!
Вот... микрофон, аудитория, паспорт, окно, машина, кошка, словарь, рюкзак, карандаш, собака, кровать.

Oral Drill 16 (9. In a season and weather). After you hear the claim made about the weather in a certain place, disagree according to the model.

Образец:
Во Флориде зимой прохладно? $\implies$ Нет, во Флориде зимой тепло!

Продолжайте!
В Монтане осенью тепло?
В Монголии летом холодно?
В Арктике летом жарко?
В Сочи зимой тепло?
В Вашингтоне весной холодно?

Числительные

02-01. Numbers 20—49. Listen to the numbers and repeat them to yourself.

20s	30s	40s
два́дцать	три́дцать	со́рок
два́дцать оди́н	три́дцать оди́н	со́рок оди́н
два́дцать два	три́дцать два	со́рок два
два́дцать три	три́дцать три	со́рок три
два́дцать четы́ре	три́дцать четы́ре	со́рок четы́ре
два́дцать пять	три́дцать пять	со́рок пять
два́дцать шесть	три́дцать шесть	со́рок шесть
два́дцать семь	три́дцать семь	со́рок семь
два́дцать во́семь	три́дцать во́семь	со́рок во́семь
два́дцать де́вять	три́дцать де́вять	со́рок де́вять

02-02. Teens and -ties. Listen for the difference. Write down the numbers you hear (figures, not words).

1. _____   7. _____   13. _____

2. _____   8. _____   14. _____

3. _____   9. _____   15. _____

4. _____   10. _____   16. _____

5. _____   11. _____   17. _____

6. _____   12. _____   18. _____

02-03. 2s and 9s. Numbers with twos and nines can be confusing, so listen carefully for the distinctions between them. Write down the numbers you hear.

1. _____   6. _____   11. _____

2. _____   7. _____   12. _____

3. _____   8. _____   13. _____

4. _____   9. _____   14. _____

5. _____   10. _____   15. _____

🎧 Фонетика и интонация

Questions with a question-word: Intonation Contour 2 (IC-2)

02-04. IC-2. Listen to the recordings of these questions with question words. The intonation falls sharply on the word being talked about. Such heavy intonation might sound a bit brusque to you.

Чей э́то чемода́н?   Где пода́рки?   Како́й сюрпри́з?

IC-1 (normal declarative sentences) is less brusque-sounding.

Это мой чемода́н.   Пода́рки здесь.

02-05. IC-1 vs. IC-2. Listen to the conversation. Determine whether you heard IC-1 or IC-2. Select the word emphasized.

1. a. (IC-_____) — Где ва́ша ко́мната?
   б. (IC-_____) — Вот она́.
2. a. (IC-_____) — Чей э́то чемода́н?
   б. (IC-_____) — Это мой чемода́н.
   в. (IC-_____) — Это то́же мой чемода́н.
3. a. (IC-_____) — Что у вас там?
   б. (IC-_____) — Но́вые америка́нские фи́льмы.
4. a. (IC-_____) — Где вы живёте?
   б. (IC-_____) — Я живу́ в Кли́вленде.

02-06. IC-2. Listen to the questions on the recording and repeat them to yourself, imitating the intonation as closely as you can. Do not be afraid of sounding "rude." IC-2 may sound brusque to English speakers, but Russians perceive it as normal.

1. Как вас зовут?
2. Как ваше имя-отчество?
3. Как ваша фамилия?
4. Где вы живёте?

5. Где журналы?
6. Где ваши чемоданы?
7. Какие у вас книги?
8. Кто это?

Syllable stress

02-07. Less stress! Do you remember the stresses on the main vocabulary items of this unit? Test yourself. Mark the stresses on these phrases.

1. Вот моя собака.
2. Тут только одежда.
3. Этот подарок интересный.
4. Твои чемоданы большие.
5. Ты молодец!

6. Спасибо!
7. Пожалуйста.
8. Летом жарко.
9. Зимой холодно.
10. Осенью прохладно.
11. Весной тепло.

02-08. Vowel reduction: *o* and *a* in unstressed syllables. Remember that both o and a are pronounced as [a] one syllable before the stress. Both are pronounced as [ə] ("uh") in any other unstressed syllable:

Now return to the words in 02-06, above. Cross out all the *unstressed* o's and a's. Above them, write the sound you expect to hear, like this:

Это хорошо.

Once everything is marked up, listen to the recording. Did you correctly expect what you actually heard?

02-09. Vowel reduction: unstressed e. One syllable before the stress, it's closest to the sound of **и**. Anywhere else, unstressed **e** sounds like the [ɪ] in "bit."

For the phrases that follow, mark the stress. Then on the basis of the marked stress, determine the nature of the **e**-vowels. Then listen to the recording to see if you were correct.

Образец:

Где телеско́п?

1. Джон америка́нец.
2. Этот чемода́н ма́ленький.
3. Эти места́ хоро́шие.
4. Это интере́сно!
5. Он в Санкт-Петербу́рге.

02-10. Vowel reduction in possessive modifiers. The vowel reduction rule brings big pronunciation differences to the possessive modifiers that look similar in print:

мой (стол) — мои столы   твой (паспорт) — твои паспорта

You will now hear a recording where each sentence starts with *This is my...*, *This is your...* — **Это мой...**, **Это мой...**, **Это твой...**, **Это твой....** Your job is to write down the form you heard and then complete the sentence with anything that fits.

Образец:
You hear: **Это мои...** and you write:

Это мои чемоданы, or *книги*, or any other plural that makes sense.

1. _____
2. _____
3. _____
4. _____
5. _____
6. _____

Имя и фамилия _____

Письменные упражнения

02-11. (2. The 7-letter spelling rule). Write out the 7-letter spelling rule.
Remember: the rule is universal. It is not limited to certain grammatical endings.
Give one example. *Г, К, Х, Ж, Ч, Ш, Щ. Книги*

02-12. (2. The 7-letter spelling rule). Which of these words is subject to the 7-letter spelling rule?

1. словари
2. чемоданы
3. машина
4. музеи
5. книги
6. вещи

02-13. (2. Plurals of nouns). Write the nominative plural form of each noun
provided. Then check off the appropriate column or leave the checkboxes blank if
none of the rules below apply.

a. **и** — due to 7-letter spelling rule
b. **и** — due to soft-stem
c. **а** or **я** — neuter
d. Irregular, e.g. **па́спорт → паспорта́**
e. No change: indeclinable

Noun	Plural	7-let.	Soft?	Neut?	Irreg?	Indec?
костюм	костюмы	☐	☐	☐	☐	☒
документ	документы	☐	☐	☐	☐	☐
подарок	подарки	☐	☒	☐	☐	☐
словарь	словари	☐	☐	☐	☐	☐
дом	дома	☐	☐	☒	☐	☐
тетрадь	тетради	☐	☐	☐	☐	☒
газета	газеты	☐	☐	☐	☐	☐
платье	платья	☐	☐	☐	☒	☐
карандаш	карандаши	☒	☐	☐	☐	☐

компьютер	*Компьютерк*	☐	☐	☐	☐	☒
место	*Места*	☐	☐	☒	☐	☐
книга	*Книги*	☒	☐	☐	☐	☐
машина	*Машины*	☐	☐	☐	☐	☒
радио	*Радио*	☐	☐	☐	☐	☒
отчество	*Отчество*	☐	☐	☐	☐	☒
кровать	*Кровати*	☐	☒	☐	☐	☐
паспорт	*Паспорта*	☐	☐	☒	☐	☐
такси	*Такси*	☐	☐	☐	☐	☒

02-14. (2. and 4. Plurals of nouns and possessive modifiers). Make the following phrases plural. Then check off the appropriate column.

Noun	Phrase	7-let.	Soft?	Neut?	Irreg?	Indec?
мой костюм	*Мои костюмы*	☐	☐	☐	☐	☐
их документ	*Их документы*	☐	☐	☐	☐	☐
ваш подарок	*Ваши подарки*	☐	☐	☐	☐	☐
мой словарь	*Мои словари*	☐	☐	☐	☐	☐
наш дом	*Наши дома*	☐	☐	☐	☐	☐
твоя тетрадь	*Ваши тетради*	☐	☒	☐	☐	☐
наша газета	*Наши газеты*	☐	☐	☐	☐	☐
наше место	*Наши места*	☐	☐	☐	☐	☐
его куртка	*его куртки*	☐	☐	☐	☐	☐
ваш компьютер	*Ваши компьютеры*	☐	☐	☐	☐	☐
её окно	*её окна*	☐	☐	☐	☐	☐
моя книга	*Мои книги*	☐	☐	☐	☐	☐
его машина	*его машины*	☐	☐	☐	☐	☐
наша кровать	*Наши кровати*	☐	☐	☐	☐	☐
их паспорт	*Их паспорта*	☐	☐	☐	☐	☐
ваше имя	*Ваши имена*	☐	☐	☐	☒	☐
наше радио	*Наше радио*	☐	☐	☐	☐	☒

02-15. (4. Possessive pronouns). Fill in the blanks with the correct forms of the words in parentheses.

1.　— Это [his] _его_ книга или [her] _ее_ книга?

　　— Это [my] _моя_ книга.

2.　— Это [her] _ее_ чемодан?

　　— Нет, [theirs] _их_ .

3.　— Где [your] _твой_ словарь?

　　— [My] _Мой_ словарь здесь.

4.　— Чьи это чемоданы?

　　— Это [our] _наши_ чемоданы.

5.　— Где [my] _мои_ документы?

　　— Я не знаю, где [your] _твои_ документы.

6.　— Чья это одежда?

　　— Это [our] _наша_ одежда.

02-16. (4. Чей). Based on the picture, write a question with a guess, as in the example:

Чей это костюм, ваш?

_____　_____　_____

　　　　　　　　Борисовна

_____　_____　_____

02-17. (2. and 5. Plurals). Make the following phrases plural, placing one word in each blank. Check the box after each word that has an ending that involves the 7-letter spelling rule.

1. американская студентка

   _____ ❑ _____ ❑

2. хороший университет

   _____ ❑ _____ ❑

3. американский студент

   _____ ❑ _____ ❑

4. англо-русский словарь

   _____ ❑ _____ ❑

5. новый фильм

   _____ ❑ _____ ❑

6. красивое место

   _____ ❑ _____ ❑

7. большая красная машина

   _____ ❑ _____ ❑ _____ ❑

8. интересный журнал

   _____ ❑ _____ ❑

9. маленький коричневый чемодан

   _____ ❑ _____ ❑ _____ ❑

10. старая тетрадь

    _____ ❑ _____ ❑

11. жёлтый карандаш

    _____ ❑ _____ ❑

12. русское имя

    _____ ❑ _____ ❑

02-18. (2, 4, 5. Plurals). Make the following phrases plural, placing one word in each blank. Check the box after each word that has an ending that involves the 7-letter spelling rule.

1. мой новый фотоаппарат

_____ _____ ☐ _____ ☐

2. твоя интересная книга

_____ _____ ☐ _____ ☐

3. его чёрная машина

_____ _____ ☐ _____ ☐

4. её розовое платье

_____ _____ ☐ _____ ☐

5. наш старый документ

_____ _____ ☐ _____ ☐

6. ваш хороший компьютер

_____ _____ ☐ _____ ☐

7. их русский журнал

_____ _____ ☐ _____ ☐

8. твоя синяя куртка

_____ _____ ☐ _____ ☐

9. его старая кровать

_____ _____ ☐ _____ ☐

10. ваш большой рюкзак

_____ _____ ☐ _____ ☐

02-19. (2, 4, 5. Plurals). Complete the sentences with a word that fits grammatically and makes sense logically. Choose from these words:
компьютер, место, ноутбук, окно, файл, фотография, фотоаппарат

1. — Дженнифер, у тебя «Никон», да? Это хороший _____?

   — Очень хороший. Смотри, какая хорошая _____.

2. — Боря, это новый _____ «Делл»? Он очень

   маленький!

3. Как ты сказал? Десять гигабайт?! Это очень большой _____.

4. Майами, Тусон, Сан-Диего — это все тёплые _____.

02-20. (6. Какой). Here are the answers. You make up the questions using question-adjective **какой, какая, какое, какие**.

Образец:

Это новая машина. →   *Какая это машина?*

1. Это американский телевизор.

   _____

2. Это новый компьютер.

   _____

3. Это русская книга.

   _____

4. Это американские студенты.

   _____

5. Это Московский университет.

   _____

6. Это русское имя.

   _____

02-21. (4. and 6. Чей, какой, что). Fill in the blanks with the question word that matches the English. Watch for

- Proper capitalization (Each question-word begins a sentence.)
- Grammatical gender
- Number: singular or plural

Какая

1. What book is this? ____Что____ это книга?
2. Whose book is that? ____Чья____ это книга?
3. What watch do you have? ____Какие____ это у вас часы?
4. Whose watch do you have? ____Чьи____ это у вас часы?
5. What do you have there? ____Что____ это тут у вас?
6. What is that? ____Что____ это?
7. Whose first name is that? ____Чьё____ это имя?

02-22. (4. and 6. Чей, какой, что). Translate into Russian. Be careful about quotation marks:

In dialog, we use dashes, not quotation marks:

"Здравствуйте!" — *Здравствуйте!*

"Добрый день!" — *Добрый день!*

1. "What is this?" "This is a magazine."

   ____Что это?____

   ____Это магазин журнал____

2. "What magazine is this?" "This is a Russian magazine."

   Какой ____это магазин журнал?____

   ____это русский магазин____

3. "What do you have there?" "This is my old printer."

   ____Что это тут у вас?____

   ____Это мой старый принтер____

4. "Whose clothes are those?" "Those are our clothes."

   ____Чьи это одежда?____

   ____Это наша одежда.____

02-23. (7. This, these). Make the following phrases plural. Check the box after each word that has an ending that involves the 7-letter spelling rule.

1. этот большой чемодан _*ше* б(_____ ❑ _____ ❑
2. эта белая рубашка _и_____ ❑ _____ ❑
3. это старое место _Места_____ ❑ _____ ❑
4. этот хороший карандаш _и_____ ❑ _____ ❑
5. это красивое платье _я_____ ❑ _____ ❑
6. это русское имя _имена_____ ❑ _____ ❑

Эти

02-24. (7. This is/these are vs. this/these). Translate into Russian.

1. This is a city. This city is big.

   Это большой город. этот а город большой

2. This is a (chalk)board. This board is green.

   Это доска. Эта доска зелёная

3. Is this a new coat? Is this coat new?

   Это новое пальто? это пальто новое

4. These are Russian magazines. These magazines are Russian.

   Это русские магазины. журнал
   Эти магазины русские   **3**

02-25. (9. Seasons, weather). For each of the five places below, restate the graphics and figures in words.
Образец:

1. Москва, +20°C, ☀ → *В Москве солнце, тепло.*

2. Санкт-Петербург, 0 ... +5°C, ☁

   _____

3. Иркутск, −10°C, ❄

   _____

Now look up the weather conditions in five more locations and describe them in a similar way. Remember to say what you can, not what you can't.

4. _____ .
5. _____ .
6. _____ .
7. _____ .
8. _____ .

02-26. (Pulling it all together — personalized). Answer five of the following questions truthfully, keeping within the confines of the Russian you know.

У вас есть компьютер? Какой?
У вас есть машина? Какая?
Какой у вас свитер? (Какого цвета?)
У вас есть мобильник? Какой?
Какие у вас книги?
Ваш университет большой?
Ваши курсы интересные?
Какая погода у вас?

1. _____
2. _____
3. _____
4. _____
5. _____

02-27. (Pulling it all together). Write an e-mail to your future host family in Russia. Say as much about yourself as you can.

02-28. (Pulling it all together). Фотографии. You are writing captions to your photos on your new site at VKontakte.ru. Identify people and things in your photos, using as many adjectives as possible.

02-29. (Pulling it all together. Say what you can, not what you can't!).
Knowing what's within your language repertoire is the cornerstone of communicating in a foreign language. Look at the English sentences below. For each, determine if (a) you can translate it, (b) you can say something similar, or (c) it's still beyond your proficiency level.

1. What a beautiful house!

    _____

2. Are the students at home?

    _____

3. What great weather!

    _____

4. What's the weather in California?

    _____

5. The winters up in Manitoba are brutal!

    _____

6. Big cities are hot places in the summertime.

    _____

7. What do you have in the suitcase?

    _____

8. I just have clothing. I don't have books or magazines.

    _____

9. What book is that? Is it yours?

    _____

10. "Do you have a car?" "Yes, I do. It's red."

_____

11. Do you have a photo of your brothers and sisters?

_____

12. Big cities have small houses.

_____

Видео

02-30. Но́вые слова́. You'll need these new words to follow the video easily. Read through the list. Use the video to determine the place of stress on each of the words.

зимой — in winter

играть в... — to play [*a game*]

летом — in summer

любим — we love

любит летать — likes to fly

он умеет — knows how

очень нравится — is very appealing

прекрасный вид — beautiful view

02-31. Немно́го об э́тих се́мьях. What did you learn about each of these households?

What is the name of the woman who lives in Saint-Petersburg?

_____

Did she give her **имя** and **фамилия** or **имя-отчество**? _____

What is the name of the woman who lives in Almaty? Is that her **имя**, **отчество**,

or **фамилия**? _____

_____

What is the daughter's name? _____

How old is she? _____

02-32. Домашние животные. What did you learn about the families' pets? Match up the correct answers for all the pets mentioned.

Какое животное?	Как зовут?	Коментарий
кот	Кеша	Он разговаривает.
кролик	Матвей	Он серый.
попугай	Шарик	Он играет в футбол.
собака	Гриша	Она добрая.

02-33. Новые слова в контексте. Use context to match the meanings of these words. Draw arrows.

горы	bed
кровать	bedroom
ночной столик	mountains
обедаем	nightstand
спальня	we have lunch

02-34. Numbers and information. Fill in the numbers about what was said about climate and daylight.

1. Amount of summertime daylight in Saint-Petersburg: _____ hours.

2. It is still daylight at _____ p.m.

3. The temperature in Saint-Petersburg outside at the time the video was shot was _____ degrees Celsius.

4. Temperatures in Almaty range from _____ Celsius in winter to _____ Celsius in summer.

УРОК 3 КАКИЕ ЯЗЫКИ ВЫ ЗНАЕТЕ?

🎧 Устные упражнения

Do each short exercise several times. You will know you have active control of the forms when you can supply the correct answers without hesitation.

Oral Drill 1 (2. Знать). Practice conjugating the verb **знать** by saying that the people listed know a little Russian.

Образец:

Мы немно́го зна́ем ру́сский язы́к.

Он ⟹ Он немно́го зна́ет ру́сский язы́к.

Продолжайте!

я, вы, ты, мы, она́, они́, Джон, америка́нцы, Кристи́на

Oral Drill 2 (2. Чита́ть). Practice conjugating **чита́ть** by saying that the people listed read Chinese.

Образец:

Ка́тя ⟹ Ка́тя чита́ет по-кита́йски.

Продолжайте!

па́па, мы, я, друзья́ (*friends*), студе́нт, ты, он, вы, Ле́на

Oral Drill 3 (2. Понима́ть). Practice conjugating the verb **понима́ть** by saying that the people listed understand Russian.

Образец:

Мы понима́ем по-ру́сски.

он ⟹ И он понима́ет по-ру́сски.

Продолжайте!

ма́ма, я, мы, мои́ роди́тели, э́ти студе́нты, ты, она́, вы, э́тот бизнесме́н

Oral Drill 4 (2. Изуча́ть). Practice conjugating the verb **изуча́ть** by saying that the people listed study French.

Образец:

Вы изуча́ете францу́зский язы́к.

Бори́с ⟹ И Бори́с то́же изуча́ет францу́зский язы́к.

Продолжа́йте!

ты, они́, Анна, мы, я, вы, Ви́ктор, ру́сские

Oral Drill 5 (2. Жить). Practice conjugating the verb **жить** by saying that the people listed live in different Russian cities.

Образец:

Кто где живёт?

Я (Москва́) ⟹ Я живу́ в Москве́.

Ле́на (Смоле́нск), её роди́тели (Воро́неж), ты (Калу́га), на́ши друзья́ (Омск), их семья́ (Ту́ла)

Продолжа́йте!

он (Краснода́р), мы (Санкт-Петербу́рг), вы (Сара́тов), я (Хаба́ровск)

Oral Drill 6 (2. Писа́ть and 3. Говори́ть). Practice conjugating the verbs **писа́ть** and **говори́ть** by asking if the people listed write Russian and answering that they only speak Russian.

Образец:

Вы ⟹ ⟸ — Вы пи́шете по-ру́сски?
— Нет, я то́лько говорю́ по-ру́сски.

Продолжа́йте!

ва́ша сестра́, Даньėл, ты, америка́нские студе́нты, вы, он, они́, она́, Джим Бра́ун, Джим и Ли́нда

Oral Drill 7 (3. Говори́ть and 5. Adverbs). Tell how well the people listed speak Russian.

Образец:

Я — хорошо́ ⟹ Я хорошо́ говорю́ по-ру́сски.

Продолжа́йте!

Ке́лли — пло́хо Ли — ме́дленно

ты — непло́хо Фред — свобо́дно

я — дово́льно хорошо́ вы — о́чень хорошо́

мы — немно́жко бизнесме́ны — бы́стро

Oral Drill 8 (4. Past tense). Say that the people in question did the action mentioned.

Образец:

Он живёт в Москве́.　　⟹　　Он жил в Москве́.

Продолжайте!

Мы живём в общежи́тии.

Он зна́ет ру́сский язы́к.

Они́ чита́ют хорошо́.

Вы пи́шете по-испа́нски.

Я понима́ю по-ру́сски.

Она́ у́чится в шко́ле.

Ты изуча́ешь ру́сский язы́к.

Они́ говоря́т по-ру́сски.

Студе́нты у́чатся здесь.

Све́та изуча́ет испа́нский
　　язы́к.

Ро́берт у́чится хорошо́.

Oral Drill 9 (4. Past tense). Answer the questions about what you do or used to do. If the cue is **сейча́с**, answer that you are doing the action now. If there is no cue, answer that you used to do it.

Образец:

Вы…　　⟹　　зна́ете ру́сский язы́к? (сейча́с)

Продолжайте!

говори́те по-испа́нски?

пи́шете по-англи́йски? (сейча́с)

чита́ете бы́стро по-неме́цки?

понима́ете по-япо́нски? (сейча́с)

живёте в Колора́до?

у́читесь в университе́те? (сейча́с)

изуча́ете языки́?

Oral Drill 10 (6. Говори́ть по-_____ски). Ask who speaks these languages.

Образец:

Кто говори́т по-англи́йски?

по-ру́сски　　⟹　　Кто говори́т по-ру́сски?

Продолжайте!

по-францу́зски, по-италья́нски, по-испа́нски, по-неме́цки, по-кита́йски, по-япо́нски, по-каза́хски

Oral Drill 11 (6. Знать _____-ский язы́к). Anya is multilingual. Answer yes to the following questions.

Образец:

Аня зна́ет ру́сский язы́к? ⟹ Да, она́ зна́ет ру́сский язы́к.

Продолжайте!

Аня зна́ет испа́нский язы́к?

Аня зна́ет италья́нский язы́к?

Аня зна́ет ара́бский язы́к?

Аня зна́ет япо́нский язы́к?

Аня зна́ет неме́цкий язы́к?

Аня зна́ет кита́йский язы́к?

Аня зна́ет каза́хский язы́к?

Oral Drill 12 (6. Языки́). Practice the form of languages used after the various verbs.

Образцы:

изуча́ю ⟹ Я изуча́ю ру́сский язы́к.

говорю́ ⟹ Я говорю́ по-ру́сски.

Продолжайте!

зна́ю, чита́ю, понима́ю, пишу́, говорю́, изуча́ю

Oral Drill 13 (6. Языки́). Practice asking questions to find out what languages someone knows.

Образцы:

говори́ть ⟹ На каки́х языка́х вы говори́те?

изуча́ть ⟹ Каки́е языки́ вы изуча́ете?

Продолжайте!

понима́ть, изуча́ть, говори́ть, чита́ть, знать, писа́ть

Oral Drill 14 (6. Языки́). Answer the questions supplying the correct forms of the words in parentheses.

Образец:

— Па́вел чита́ет по-испа́нски? (писа́ть — испа́нский)

— Нет, он пи́шет по-испа́нски.

Продолжайте!

Ле́на пи́шет по-англи́йски? (говори́ть — англи́йский)

Серге́й понима́ет по-неме́цки? (знать — францу́зский)

Ро́берт зна́ет ру́сский язы́к? (изуча́ть — украи́нский)

Вы хорошо́ чита́ете по-кита́йски? (немно́го знать — япо́нский)

Та́ня свобо́дно говори́т по-италья́нски? (изуча́ть — испа́нский)

Ба́рбара изуча́ет болга́рский язы́к? (непло́хо — понима́ть — че́шский)

Роди́тели говоря́т по-ру́сски? (чита́ть — по́льский)

Oral Drill 15 (7. Национа́льность). Guess the following people's nationalities based on where they live.

Образцы́:

Алёша живёт в Росси́и. ⟹ Зна́чит, он ру́сский?

Джа́нет и Пи́тер живу́т в Англии. ⟹ Зна́чит, они́ англича́не?

Продолжа́йте!

Ха́нна живёт в Аме́рике.

На́дя и Вале́ра живу́т в Росси́и.

Джон живёт в Кана́де.

Мы живём в Украи́не.

Мари́я живёт в Испа́нии.

Лю́си и Жан живу́т во Фра́нции.

Джейн живёт в Англии.

Ник живёт в Аме́рике.

Карине́ живёт в Арме́нии.

Ва́дик и Оля живу́т в Росси́и.

Oral Drill 16 (8. В + prepositional case). Tell where the following people live.

Образцы́:

Пе́тя — Москва́ ⟹ Пе́тя живёт в Москве́.

Ната́ша — Ки́ев ⟹ Ната́ша живёт в Ки́еве.

Продолжа́йте!

Же́ня — Москва́

Со́ня — Тбили́си

Жан — Фра́нция

Илья́ — Санкт-Петербу́рг

Де́йвид — Нью-Йо́рк

Са́ша — Росси́я

Ке́вин — Но́вая Англия

Кэ́трин — Чика́го

Oral Drill 17 (8. В + prepositional case). Ask who lives in the following places.

Образе́ц:

большо́е общежи́тие ⟹ Кто живёт в большо́м общежи́тии?

Продолжа́йте!

но́вый дом, но́вая кварти́ра, больши́е дома́, больша́я кварти́ра, хоро́шее общежи́тие, ста́рый дом, ста́рые общежи́тия, хоро́шие кварти́ры, краси́вый го́род, большо́й штат

Oral Drill 18 (8. B + prepositional case). In order to practice the prepositional case, claim to be students at the following places.

Образец:

нóвая шкóла   ⟹   Мы ýчимся в нóвой шкóле.

Продолжайте!

хорóшая шкóла, большóй университéт, нóвые университéты, мáленькая шкóла, стáрый университéт, большúе шкóлы

Oral Drill 19 (8. O + prepositional case and prepositional plural). Say you are speaking about the person mentioned in the prompt.

Образец:

э́тот бизнесмéн   ⟹   Я говорю́ об э́том бизнесмéне.

Продолжайте!

э́тот рýсский профéссор, наш дом, твой отéц, э́та студéнтка, америкáнец, ваш гóрод, францýз, её отéц, егó журнáл, их газéты, моя́ квартúра, твоя́ семья́, э́ти студéнты, рýсские преподавáтели, нóвые музéи, э́ти америкáнские бизнесмéны, интерéсные кнúги, стáрые словарú, нóвые словá, мой родúтели, нáши общежúтия

Числительные

🎧 **03-01. Numbers 50–199.** Listen to the numbers and repeat them. Vowel reduction here is critical.

Figure	Formation	Мы пишем	Мы говорим
50	пять + деся́т	пятьдеся́т	пиди**ся́т**
51	пять + деся́т + оди́н	пятьдеся́т один	пиди**ся́т** ади́н
60	шесть + деся́т	шестьдеся́т	шизди**ся́т**
70	семь + деся́т	се́мьдесят	**се́мь**дисит
80	во́семь + деся́т	во́семьдесят	**во́**симдисит
90	девяно́сто		диви**но́**ста
100	сто		

The "-ties"		Inside the "-ties"	
10	де́сять	51	пятьдеся́т оди́н
20	два́дцать	52	пятьдеся́т два
30	три́дцать	53	пятьдеся́т три
40	со́рок	54	пятьдеся́т четы́ре
50	пятьдеся́т	55	пятьдеся́т пять
60	шестьдеся́т	56	пятьдеся́т шесть
70	се́мьдесят	57	пятьдеся́т семь
80	во́семьдесят	58	пятьдеся́т во́семь
90	девяно́сто	59	пятьдеся́т де́вять
100	сто	128	сто два́дцать во́семь

Spelling tricks

1. **Russians do not hyphenate numbers.** For example, двадцать пять is two single-word numbers *joined with a space* to form 25.

2. **Where do the ь's go?** No single-word number has more than one ь!
    a. All teens, 20, and 30 have **-ь** at the end, never in the middle: двена́дцать, два́дцать, три́дцать.
    b. The high "-ties" — 50, 60, 70, 80 — have ь in the middle, never the end: пят**ь**деся́т, шест**ь**деся́т, сем**ь**деся́т, восем**ь**деся́т
    c. Numbers **со́рок** and **девяно́сто** have no **-ь**.

3. The suffix **-цать** is preceded by a silent **д**: пятна**д**цать, два**д**цать.

4. Be careful with the spelling of ч**е**т**ы**р**е**.

03-02. Адреса́. Listen to the addresses on the recording and look at the map provided on the next page. Then fill in the blanks. The first two are provided for you as examples.

Образцы́:
1. у́лица Грибое́дова, дом 94, кварти́ра 155
2. Больша́я Вороши́ловская у́лица, дом 58, кварти́ра 174

Продолжа́йте!
3. ул. Че́хова, д. _____, кв. _____

4. ул. Че́хова, д. _____, кв. _____

5. ул. Че́хова, д. _____, кв. _____

6. ул. Грибое́дова, д. _____, кв. _____

7. Больша́я Вороши́ловская ул., д. _____, кв. _____

8. ул. Мари́ны Цвета́евой, д. _____, кв. _____

9. Университе́тский пр., д. _____, кв. _____

10. Университе́тский пр., д. _____, кв. _____

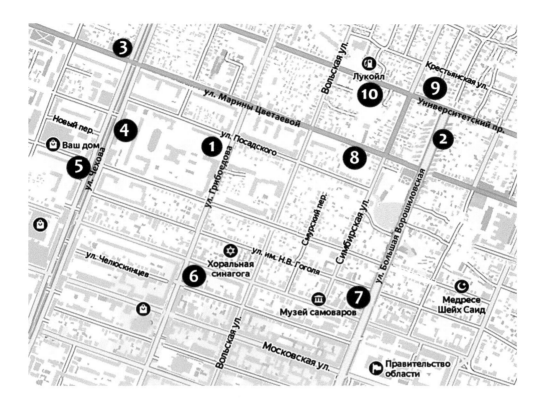

03-03. Что сколько стоит? Jot down the prices of these items.

1. Чашка кофе (на улице) _____ ₽

2. «Биг Мак» _____ ₽

3. Батарейка АА _____ ₽

4. Ручка (гелевая) _____ ₽

5. Напиток «Кока-кола» (0,33 л.) _____ ₽

6. Туалетная бумага (4 рулона) _____ ₽

7. Зубная паста «Колгейт» (100 мл.) _____ ₽

8. Проезд на метро (Москва) _____ ₽

9. Проезд на такси, 3 километра _____ ₽

10. Бензин (1 л.) _____ ₽

🎧 Фонетика и интонация

03-04. Yes—No Questions. *Intonation contour 3 (IC-3).* Listen to the information on IC-3 for yes-no questions. When you have completed your listening and have copied the intonation of these questions as closely as possible, mark accordingly.

Think of how you would ask the following questions in English.

Is that your ***book***?   Is that ***your*** book?

You can imagine that your intonation rises steadily on the word in question.

In Russian yes-no questions, the intonation also rises on the word in question, but it rises sharply (sometimes a full musical octave!) and then falls abruptly. This intonation contour is called IC-3.

Это ва́ша ***кни́га***?   Это ***ва́ша*** кни́га?

Remember that in Russian questions with question words, the question word is pronounced with a falling intonation (IC-2), whereas in yes-no questions, the intonation rises sharply on the word that is being questioned and then falls abruptly.

Чья это кни́га?

03-05. Listen to the questions. Determine whether you hear IC-2 or IC-3. When you hear an IC-3 intonation, select the word(s) emphasized.

1. (IC- _____) Где ва́ш чемода́н?

2. (IC- _____) У вас есть те́хника?

3. (IC- _____) Чей э́то чемода́н?

4. (IC- _____) Это ваш чемода́н?

5. (IC- _____) Фотоаппара́т есть?

6. (IC- _____) Что э́то?

7. (IC- _____) Како́й?

8. (IC- _____) Каки́е у вас пода́рки?

9. (IC- _____) Что в чемода́не?

10. (IC- _____) Но́вый журна́л есть?

03-06. Listen to the questions on the recording again, imitating the intonation as closely as you can.

1. Где ваш чемодан?
2. У вас есть техника?
3. Чей это чемодан?
4. Это ваш чемодан?
5. Фотоаппарат есть?
6. Что это?
7. Какой?
8. Какие у вас подарки?
9. Что в чемодане?
10. Новый журнал есть?

Syllable stress, Vowel Reduction: Я, Е.

03-07. Less stress! Mark the stresses on these phrases to learn the stresses of new words.

1. На каких языках вы говорите?

2. Мама и папа живут в России, в Москве.

3. Маша и Ваня учатся читать и писать.

4. Эта статья о европейских рынках.

5. Михаил учится в хорошем университете.

6. Москва и Санкт-Петербург большие города.

7. И вот мы дома. Видишь, на нашей улице дома маленькие.

8. Какие здесь большие окна!

9. Твои книги не на стуле, а на столе.

10. Вы знаете эти новые слова?

03-08. Я and Е when unstressed. Review the rules for pronouncing unstressed **я** and **е** from the Alphabet Unit in the textbook, summarized in the recording. Listen to the recording and imitate the pronunciation of these words as closely as you can.

unstressed я → [I]	unstressed е → [I]
францу́зский язы́к	неме́цкий язы́к
каки́е языки́	неплóхо
по-япóнски	немнóго
	мéдленно

Письменные упражнения

03-09. (2. Знать). Write in the needed form of the verb **знать.**

1. — Миша и Маша _____знают_____ французский язык?

   — Миша _____знает_____ французский язык, а

   Маша _____знает_____ немецкий.

2. — Кто _____знает_____ русский язык?

   — Я его _____знаю_____.

3. — Анна Петровна, вы _____знаете_____ английский язык?

4. Мы не _____знаем_____ китайский язык, но Боря его

   _____знает_____.

5. Ты _____знаешь_____ японский язык?

03-10. (2. Читать). Write in the correct form of the verb **читать.**

1. — На каких языках _____читает_____ Андрей?

   — Он _____читает_____ по-русски и по-итальянски.

2. — Ты _____читаешь_____ по-русски?

   — Да, _____читаю_____.

3. — Кто _____читает_____ по-испански?

   — Мы _____читаем_____ по-испански.

4. — Вы _____читаете_____ по-французски?

   — Нет, но родители _____читают_____ по-французски.

Имя и фамилия _____

03-11. (2. Жить, review of prepositional case of nouns). Write sentences telling where the following people live. Follow the model. Be sure to use **во** instead of **в** when appropriate.

1. Маша — Москва ⟹ *Маша живёт в Москве.* _____
2. Вадим — Киев _Вадим живёт в Киеве_
3. Лора — Молдова _Лора живёт в Молдове_
4. Сауле — Казахстан _Сауле живёт в Казахстане_
5. Хуан и Мария — Испания _Хуан и Мария_
   живут в Испании
6. мы — Америка _Мы живём в Америке_
7. вы — Франция _Вы живёте во Франции_
8. ты — Флорида _Ты живёшь во Флориде_
9. Томас — Филадельфия _Томас живёт в_
   Филадельфии 5

03-12. (2. Жить, review of prepositional case of nouns). Write sentences telling where the following people live, using the cues provided. Be sure to use **во** instead of **в** when appropriate.

1. президент — ? _____

2. родители — ? _____

3. я — ? _____

03-13. (2. Писать). Write sentences telling who writes in what language. Follow the model.

Masha — Ukrainian ⟹ *Маша пишет по-украински* .

parents — English _____

businessperson — Russian _____

you — French _____

we — German _____

Vera — Spanish _____

03-14. (2. Е/Ё-conjugation verbs). Fill in the blanks with the correct forms of the verbs provided.

жить   знать   изучать   понимать   читать

1. — Какие языки вы [know] _знаете_ ?

   — Я [read] по-немецки и по-английски, но плохо [understand]

   читаю , _понимаю_.

   — А родители [know] _знают_ немецкий?

   — Нет, они его не [know] _знают_ . Мама немного

   [understands] _понимает_ по-французски.

2. — Какие языки вы [understand] _понимаете_ ?

   — Я [understand] по-русски и по-испански. Я их [study] _понимаю_ _изучаю_

   в университете.

3. Мэри [lives] _живёт_ во Франции, но она плохо

   [knows] _знает_ французский язык. Она довольно хорошо

   [understands] _понимает_ , но плохо [reads]

   читает .

4. — Ваши родители [live] _живут_ в Испании? Значит, они

   [know] _знают_ испанский язык?

   — Они очень хорошо [understand] _понимают_ по-испански.

Имя и фамилия _____

03-15. (3. И-conjugation verbs). Supply the correct forms of the verb **говорит**.

1. — Вы _говорите_ по-русски?

    — Да, _Я говорю_.

2. Ты _говоришь_ по-немецки?

3. Дома мы _говорим_ по-казахски.

4. Американский президент не _говорит_ по-русски.

5. Я немножко _говорю_ по-украински.

6. Наши родители _говорят_ по-французски.

03-16. (4. Past tense). Write that the following people *did* the following things.

1. Вера раньше [жить] _жила_ в Латвии.

2. Родители [учиться] _читали_ в Бостоне.

3. Студенты обычно медленно [говорить] _говорили_ по-русски.

4. Что вы [изучать] _изучали_ в университете?

5. Джон раньше плохо [понимать] _понимал_ по-французски.

6. Мэри быстро [писать] _писал_ по-немецки.

7. В школе ты хорошо [читать] _читал_ по-английски?

8. Я [учиться] _учился_ в России и в Америке.

    лась   _лся_

03-17. (6. Языки). Advanced students doing research or language training in Russia are called **стажёры**. In the following paragraphs about two American **стажёры** and one of their teachers, fill in the blanks with **по-русски** or **русский язык** as approrpriate.

Американские стажёры хорошо знают [1] _русский язык_.
Они изучают [2] _русский язык_ в Америке и в России. Джим
Браун свободно говорит [3] _по-русски_. Он говорит

Имя и фамилия _____

[4] _____по - русски_____ в общежитии. Он хорошо знает [5] _____

_____русский язык_____. Линда Дейвис тоже хорошо говорит [6]

_____по - русски_____. Она свободно читает и пишет [7]

_____по - русски_____.

Анна Петровна преподаёт* русский язык в

институте. Она читает лекции [8] _____по - русски_____.

преподаёт — *teaches*

03-18. (6. Языки — personalized). Refer to the partial list of languages that are commonly taught in the United States in the **Точка отсчёта** section of the textbook, Урок 3 . Check languages that are relevant to you and write ten sentences describing what you, your family members, and anyone else you can think of (writers, actors, politicians, etc.) can do in these languages and how well. The verbs and adverbs below will help.

Adverbs		Verbs
свободно	немного	говорить
очень хорошо	немножко	знать
хорошо		писать
неплохо	медленно	понимать
плохо	быстро	читать

1. _____

2. _____

3. _____

4. _____

5. _____

6. _____

7. _____

8. _____

9. _____

10. _____

Имя и фамилия _____

03-19. (2. — 6. Review). Translate into Russian.

1. What languages do you know?

    _____

2. Who writes French?

    _____

3. We do not understand Arabic.

    _____

4. Tamara speaks a little English.

    _____

5. The students read and write Chinese pretty well.

    _____

6. I study Russian and Ukrainian.

    _____

7. Do they speak Italian?

    _____

8. Jim understands German very well.

    _____

3-20. (7. Национальность) Assume that the people below have nationalities
that match their country of residence. Supply the nationalities.

1. Ивет живёт в США. _____*Она американка*_____.

2. Виктор живёт в России. ___*Он русский*___.

3. Мария живёт в Испании. ___*Она испанка.*___.

4. Мин-Ли живёт в Китае. _Она китаянка_____.

5. Дэн и Ли живут в Англии. _Они *а*нгличане____.

6. Виржини живёт во Франции. _Она француженка_.

7. Мать и дочь живут в Украине. _Они украинки___.

8. Али живёт в Пакистане. _Он пакистанец_____.

03-21. (7. Национальность — personalized). Answer the question Кто … по национальности? for the people indicated.

1. Моя мама _полька_____.
2. Мой папа _поляк_____.
3. Я _поляк_____.

03-22. (8. Prepositional case). Indicate all the words that are in the prepositional case.

1. Мария мексиканка. Её родители тоже мексиканцы. Они живут в Мексике.
2. В университете Марк и Джон говорят по-русски, но дома они говорят по-английски.
3. Я учусь в хорошем университете в штате Нью-Йорк.
4. Студенты в этом университете живут в больших общежитиях.
5. Они говорят о России и о русских городах.

03-23. (8. Prepositional case). Following the model, tell where the following people live. Write "5" or "7" above those words that have been affected by the spelling rules.

Образец:

$$7$$

Мы — русские города $\Longrightarrow$ *Мы живём в русских городах.*

1. Мы — большое общежитие

   _____.

2. Соня — хороший дом

   _____.

3. Михаил — большой дом

   _____.

4. Студенты — маленькие общежития

   _____.

5. Дима — новая квартира

   _____.

6. Лена и Наташа — старые дома

   _____.

7. Хью — Новая Англия

   _____.

8. Жанар — хорошая квартира

   _____.

9. Сергей и Виктор — большие квартиры

   _____.

Имя и фамилия _____

03-24. (8. Prepositional case). Answer the questions using the words given in parentheses.

Образец:

В каком городе вы живёте [маленький город]?

Я живу в маленьком городе.

1. В каком городе ты жил? [старый русский город]

   _____.

2. В каких школах они учатся? [хорошие школы]

   _____.

3. В какой квартире живут Света и Игорь? [новая квартира]

   _____.

4. В каком университете вы учились? [хороший, большой университет]

   _____.

5. В каких домах живут эти бизнесмены? [красивые дома]

   _____.

6. В каком колледже они учатся? [маленький колледж]

   _____.

03-25. (8. Prepositional case). Где нахо́дятся эти города́? You now have enough Russian to do some geography. We need to add just a few words:

Где нахо́дится город... — Where is the city of .... located?

Plus some "geographical" adjectives in map context:

1. В каком штате находится город Роли?

   _____

2. В каком штате находится город Уилинг?

   _____

3. В каком штате находится город Бисмарк?

   _____

4. В каком штате находится город Пьер?

   _____

5. В какой стране находится город Сеул?

   _____

6. В какой стране находится город Пхеньян?

   _____

7. В какой стране находится город Дафур?

   _____

8. В какой стране находится город Белфаст?

   _____

3-26. (9. О vs. об). Fill in the correct form of **о** or **об** to complete the sentence **Мы говорим**…

1. _____ нашем новом преподавателе.
2. _____ этой хорошей студентке.
3. _____ интересной газете.
4. _____ его семье.
5. _____ их уроке.
6. _____ её школе.

3-27. (8. Prepositional case). Fill in the blanks with the correct forms of the words.

— Маша! Я ничего не знаю о [1 — твои родители] _____

_____. Где они живут? Кто они по профессии?

— Папа преподаватель в [2 — институт] _____.

Мама секретарь в [3 — Гуманитарный университет] _____

_____.

— Я ничего не знаю [4 — о/об] _____ [5 — этот университет]

_____.

— Это большой университет в [6 — Москва] _____.

3-28. (Pulling it all together). Fill in the blanks with correct forms of the given words.

Здравствуйте! Меня зовут Андрей. [1 — I live] _____ в

[2 — большой город] _____, который называется

Харьков. Мама у меня [3 — Russian] _____, а папа

[4 — Ukrainian] _____. Дома мы

Имя и фамилия _____

[5 — speak] _____ [6 — Russian]

_____. Папа у меня настоящий полиглот. Он

хорошо [7 — knows] _____ [8 — Russian] _____,

[8 — Ukrainian] _____ и [9 — English]

_____ [10 — languages] _____, неплохо

[11 — reads] _____ и [12 — writes] _____

[13 — French] _____ и [14 — Spanish] _____.

Я [15 — study] _____ [16 — English] _____

[at the university] _____. Пока ещё [17 — I speak]

_____ [18 — badly] _____

и [19 — understand] _____, только когда [20 — they

speak] _____ [21 — slowly] _____.

Но у меня сейчас новый друг, [22 — an American]

_____, и мы говорим только [23 — English]

_____.

3-29. (Pulling it all together. Say what you can, not what you can't!).
Knowing what's within your language repertoire is the cornerstone of communicating in a foreign language. Look at the English sentences below. For
each, determine if (a) you can translate it, (b) you can say something similar, or
(c) it's still beyond your proficiency level.

1. What language are you taking in college?

   _____

2. What language did you take in high school?

   _____

3. Where is your family from?

   _____

4. What languages are spoken in Russia?

   _____

Имя и фамилия _____

5. Teachers should speak slowly and distinctly so students understand.

   _____

6. My Russian teacher also knows some Ukrainian.

   _____

7. I know some Russian, but not enough to survive yet.

   _____

8. Your parents are English, right?

   _____

9. You're talking too fast! Slow down!

   _____

10. Do you know the new words?

    _____

11. Our teacher speaks British English.

    _____

12. English is taught in all Russian schools.

    _____

3-30. (Pulling it all together). Национальности и языки России. In the Russian version of Wikipedia look up any five of the autonomous republics of the Russian Federation shown below (except Kalmykiya, which is used in the example). Find out the top two nationalities and the state languages (**госуда́рственные языки́**) spoken there. Then create a short statement resembling the example.

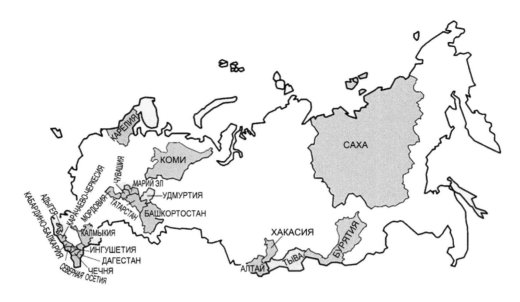

From the Russian Wikipedia page Калмыкия. Search for **население** — *population* or **национальный состав** — *ethnic make-up* and **государственный язык** or **государственные языки**.

НАСЕЛЕНИЕ И НАЦИОНАЛЬНЫЙ СОСТАВ

Народ	1959 год тыс. чел. [3]	1970 год тыс. чел. [4]	1979 год тыс. чел. [5]	1989 год тыс. чел. [6]	2002 год тыс. чел. [7]
Калмыки	64,9 (35,1 %)	110,3 (41,1 %)	122,2 (41,5 %)	146,3 (45,4 %)	155,9 (53,3 %)
Русские	103,3 (55,9 %)	122,8 (45,8 %)	125,5 (42,6 %)	121,5 (37,7 %)	98,1 (33,6 %)</TB>

Государственный язык: русский, калмыцкий

Your statement:

Имя и фамилия _____

В Калмыкии живут калмыки и русские. Там говорят по-калмыцки и по-русски.

1. _____

2. _____

3. _____

4. _____

5. _____

3-31. Сочине́ние: Какие языки они знают? Write a short composition about the nationality and knowledge of languages of anyone you choose — your parents, a friend, favorite pop star or literary character. Give as much information as you can, keeping within the bounds of the Russian you know.

3-32. Сочине́ние: Интере́сная рабо́та! Write a cover letter to a potential employer who is seeking a secretary **(секрета́рь)**, a translator **(перево́дчик)**, or a programmer **(программи́ст)** who knows several languages. Remember to open your letter with **Уважа́емый/Уважа́емая** (*Respected...*) instead of the less formal **Дорого́й/Дорога́я** (*Dear...*) + **имя-отчество**. Close the letter with the formal **С уваже́нием** (*With respect...*) before your signature. Give as much information as you can, keeping within the bounds of the Russian you know.

Видео

Упражнения к видео

3-33. Новые слова. Select the words and phrases you hear in the video. They are given in order of their first appearance in the video.

- ❑ **лу́чше всего́** — best of all
- ❑ **ху́же всего́** — worst of all
- ❑ **Мы то́лько что на́чали его́ изуча́ть.** — We just started studying it.
- ❑ **учи́ть (учу́, у́чишь, у́чат, *по* -ся) = изуча́ть.**
- ❑ **Мое́й профе́ссией явля́ется учи́тель** — my profession is as a teacher of...
- ❑ **когда́-то** — there was a time when...
- ❑ **бро́сить (бро́сил, бро́сила, бро́сили)** — to quit; to drop (a course, an activity)
- ❑ **Ничему́ не научи́лась.** — I learned nothing.

3-34. Кто что изучал? Match who took what languages:

1. Аня (Ярославль)
2. Александр (Саша)
3. Аня (С.-Петербург)
4. Валерия
5. Катя

a. английский
b. испанский
c. немецкий
d. русский
e. финский
f. французский
g. шведский
h. эстонский
i. итальянский

3-38. Александр Морозов учится в Москве. Какие языки он знает? Listen to the portion of the video about Alexander Morozov and answer the following questions.

1. Какой язык Александр изучал в школе, но уже не изучает?
   a. английский
   b. французский
   c. испанский
   d. украинский

2. Какой язык Александр сейчас изучает?
   a. английский
   b. французский
   c. испанский
   d. украинский

3. Что говорит Александр о языках? «Я плохо говорю ...».
   a. по-английски
   b. по-французски
   c. по-испански
   d. по-украински

4. «По-английски я ...».
   a. говорю плохо
   b. читаю и пишу
   c. говорю и понимаю
   d. читаю хорошо

УРОК 4　　ОБРАЗОВАНИЕ

🎧 Устные упражнения

Do each short exercise several times. You will know you have active control of the forms when you can supply the correct answers without hesitation.

Oral Drill 1 (1. Учи́ться). Ask whether the following people go to college or high school.

Образец:

Ва́ня ⟹　Ва́ня у́чится в шко́ле или в университе́те?

Вы　⟹　Вы у́читесь в шко́ле или в университе́те?

Продолжайте!

мы, ты, я, Анна, на́ши сосе́ди, вы, Ко́стя, они́

Oral Drill 2 (1. Учи́ться, рабо́тать) Ask whether the following people go to school or work.

Образец:

Вы　⟹　Вы у́читесь и́ли рабо́таете?

Евге́ний ⟹　Евге́ний у́чится и́ли рабо́тает?

Продолжайте!

ты, э́та америка́нка, Лю́да и Ольга, вы, Джим, наш сосе́д

Oral Drill 3 (1. Учи́ться на како́м ку́рсе) Tell what class these college students are in.

Образец:

↩ — На како́м ку́рсе у́чится Аня? — пе́рвый

　 — Она́ у́чится на пе́рвом ку́рсе.

Продолжайте!

Пе́тя — второ́й, Ната́ша — тре́тий, Дми́трий — четвёртый, Кири́лл — магистрату́ра, Мади́на — аспиранту́ра

Oral Drill 4 (1. Учи́ться в како́м кла́ссе) Tell what grade in school these students are in.

Образец:

 — В како́м кла́ссе у́чится Ле́на? — девя́тый
— Она́ у́чится в девя́том кла́ссе.

Продолжа́йте!

Макс — деся́тый, Са́ша — оди́ннадцатый, Ми́тя — восьмо́й, Во́ва — седьмо́й, Ли́да — шесто́й

Oral Drill 5 (1. Учи́ться в шко́ле и в университе́те) Tell what level these students are in.

Образцы́:

— Ли́на у́чится в шко́ле? В како́м кла́ссе? (6)
— Она́ у́чится в шесто́м кла́ссе.

— Оле́г у́чится в университе́те? На како́м ку́рсе? (3)
— Он у́чится на тре́тьем ку́рсе.

Продолжа́йте!

Ми́ша у́чится в шко́ле? В како́м кла́ссе? (3)

А́нна у́чится в университе́те? На како́м ку́рсе? (2)

Вале́рий у́чится в университе́те? На како́м ку́рсе? (1)

Да́рья у́чится в шко́ле? В како́м кла́ссе? (10)

А́лла у́чится в шко́ле? В како́м кла́ссе? (11)

Oral Drill 6 (3. Преподава́тели и учителя́) Based on what you hear, ask if the teacher is good. If more than two subjects are mentioned, ask if the teacher*s **are*** good. Pay attention to whether the students are in college or high school.

Образцы́:

— Ле́на у́чит исто́рию в шко́ле.
— А учи́тель хоро́ший?

— Э́ти студе́нты изуча́ют биоло́гию и хи́мию.
— А преподава́тели хоро́шие?

Продолжа́йте!

Жа́нна изуча́ет англи́йский язы́к на тре́тьем ку́рсе.

Э́ти студе́нты изуча́ют англи́йскую литерату́ру и страноведе́ние США.

Ва́ря шко́льница. Она́ у́чит геогра́фию.

Ю́ра и О́ля у́чат матема́тику и фи́зику в деся́том кла́ссе.

Ксе́ния изуча́ет антрополо́гию на факульте́те социа́льных нау́к.

Oral Drill 7 (2. Prepositional case + на, vocabulary review) Tell in
what college department the following instructors work.

Образец:

⟲ Мари́я Ива́новна — истори́ческий

⟳ Мари́я Ива́новна рабо́тает на истори́ческом факульте́те.

Продолжайте!

Макси́м Дми́триевич — экономи́ческий

Алла Васи́льевна — юриди́ческий

Ве́ра Алекса́ндровна — медици́нский

Кири́лл Петро́вич — филологи́ческий

Анна Ефи́мовна — математи́ческий

Oral Drill 8 (2. Prepositional case + на, vocabulary review)
Indicate these students' majors. Remember, Russian students enroll
in a particular department.

Образец:

⟲ — Марк и Вади́м у́чатся на истори́ческом факульте́те?

⟳ — Да, их специа́льность — исто́рия.

Продолжайте!

Ка́тя и Серёжа у́чатся на филосо́фском факульте́те?

Са́ша и Алёша у́чатся на филологи́ческом факульте́те?

Ди́ма и Ге́на у́чатся на экономи́ческом факульте́те?

Кири́лл и Со́ня у́чатся на юриди́ческом факульте́те?

Oral Drill 9 (3. Studying ≠ Studying) Reconstruct a sentence from
the pieces. Use the correct verb and the correct case.

Образец:

мы — университе́т	⟹	Мы у́чимся в университе́те.
Ма́ша — библиоте́ка	⟹	Ма́ша занима́ется в библиотеке.
студе́нты — исто́рию	⟹	Студе́нты изуча́ют исто́рию.

Продолжайте!

наши друзья́ —общежи́тие	ты — второ́й курс
шко́льник — пя́тый класс	его брат — в библиоте́ке
Ко́стя — францу́зский язы́к	она́ — междунаро́дные отноше́ния
вы — в магистрату́ре	Марк — штат Джо́рджия
Окса́на — в этой ко́мнате	Женя — ру́сская литерату́ра

Oral Drill 10 (4. Accusative case). Claim to read the following things. Remember, the names of the publications take case endings too!

Образец:

 — Что вы чита́ете? (но́вая кни́га)
— Я чита́ю но́вую кни́гу.

Продолжа́йте!

америка́нская газе́та, ста́рый журна́л, «Астроно́мия», твоя́ кни́га, неме́цкий журна́л, наш уче́бник, «Аргуме́нты и фа́кты», «Росси́я», интере́сная статья́

Oral Drill 11 (4. Accusative case). Check to confirm whether the speaker is majoring in what you think they said.

Образец:

— Я учу́сь на истори́ческом факульте́те.
— Зна́чит, ты изуча́ешь исто́рию?

на математи́ческом факульте́те, на филосо́фском факульте́те, на хими́ческом факульте́те, на физи́ческом факульте́те, на эконо́мическом факульте́те, на медици́нском факульте́те, на факульте́те междунаро́дных отноше́ний, на юриди́ческом факульте́те, на факульте́те сравни́тельной литерату́ры.

Oral Drill 12 (5. Люби́ть). Tell what the following people like.

Образец:

ма́ма — литерату́ра   ⟹   Ма́ма лю́бит литерату́ру.

Продолжа́йте!

студе́нты — политоло́гия
брат — неме́цкий язы́к
мы — ру́сская му́зыка
сестра́ — америка́нские фи́льмы
вы — психоло́гия
преподава́тель — Росси́я
ты — компью́теры
роди́тели — европе́йская исто́рия
я — ?

Oral Drill 13 (5. Люби́ть). Answer the questions by agreeing. Then add the person in questions loves doing what they are doing. Notice whether you are using the verb in its conjugated form or in the infinitive (*to do* something).

Образец:

— Вы у́читесь? ⟹ — Да, учу́сь. И люблю́ учи́ться!

— Ма́ма рабо́тает? ⟹ — Да, рабо́тает. И лю́бит рабо́тать.

Продолжайте!

Вы чита́ете ру́сские кни́ги?

Сосе́д занима́ется?

Ма́ма и па́па живу́т во Флори́де?

Сестра́ говори́т по-ру́сски?

Oral Drill 14 (6. Pronouns in prepositional case). Say that Katya talks about everybody.

Образец:

— Ка́тя говори́т о ма́ме? ⟹ — Да, она́ говори́т о ней.

— Ка́тя говори́т о вас? ⟹ — Да, она́ говори́т обо мне.

Продолжайте!

Ка́тя говори́т...

об университе́те, о семье́, о письме́, об америка́нцах, о ле́кции, об отце́, о роди́телях, о вас, обо мне, о нас, о тебе́

Oral Drill 15 (7. Conjunctions). Practice giving your opinion as in the model.

Образец:

Это интере́сный курс. ⟹ Я ду́маю, что это интере́сный курс.

Продолжайте!

Это хоро́ший университе́т.

У меня́ интере́сная програ́мма.

Это тру́дный курс.

Наш преподава́тель хоро́ший.

Это но́вая кни́га.

Ру́сский язы́к о́чень краси́вый.

Oral Drill 16 (7. Conjunctions). A teacher asks various students all sorts of questions. None of the students answer! Follow the model.

Образец:

⮌ Преподава́тель спра́шивает Са́шу, где он живёт.

⮩ Он не отвеча́ет, где он живёт.

Продолжайте!

Преподава́тель спра́шивает студе́нтку, как она́ пи́шет по-ру́сски.

Преподава́тель спра́шивает Ва́ню и Ксе́нию, каки́е кни́ги они́ чита́ют.

Преподава́тель спра́шивает тебя́, где ты живёшь.

Преподава́тель спра́шивает вас, что вы говори́те.

Oral Drill 17 (8. То́же vs. та́кже). Use **то́же** and **та́кже** according to the model.

⮌ —Я изуча́ю ру́сский язы́к.

⮌ — А матема́тику?

⮩ —Я та́кже изуча́ю матема́тику.

—Я учу́сь в университе́те.

— А А́нна?

— Она́ то́же у́чится в университе́те.

Я зна́ю англи́йский язы́к. — А ру́сский язы́к?

Я зна́ю ру́сский язы́к. — А сосе́дка?

Я учу́сь на второ́м ку́рсе. — А э́тот студе́нт?

Я люблю́ исто́рию. — А иностра́нные языки́?

Я рабо́таю в университе́те. — А оте́ц?

Я занима́юсь в библиоте́ке. — А сосе́д?

Я занима́юсь в библиоте́ке. — А до́ма?

Я говорю́ по-испа́нски. — А по-англи́йски?

🎧 Числительные

04-01. Numbers 100—1000. Listen to the recording. Note the effect of reduction on what you hear.

100	сто	600	шестьсо́т
200	две́сти	700	семьсо́т
300	три́ста	800	восемьсо́т
400	четы́реста	900	девятьсо́т
500	пятьсо́т	1000	ты́сяча

04-02. Hundreds. Now write down the hundreds numbers.

1. _____   10. _____
2. _____   11. _____
3. _____   12. _____
4. _____   13. _____
5. _____   14. _____
6. _____   15. _____
7. _____   16. _____
8. _____   17. _____
9. _____   18. _____

04-03. Русские телефоны. Russian mobile phone numbers all start with 8 (usually not given as part of the phone number) and are followed by ten digits. However, many Russians read phone numbers not individually, but in groups of hundreds, tens, and tens, for example, nine hundred twenty-five, fifty-six, seventeen. Jot down the following phone numbers.

1. Дима   _____ - _____ - _____ - _____
2. Гульна́ра   _____ - _____ - _____ - _____
3. Та́ня   _____ - _____ - _____ - _____
4. Ва́ня   _____ - _____ - _____ - _____
5. Со́ня   _____ - _____ - _____ - _____
6. Ко́ля   _____ - _____ - _____ - _____
7. Са́ша   _____ - _____ - _____ - _____
8. Бо́ря   _____ - _____ - _____ - _____

🎧 Фонетика и интонация

Review of Units 1–3

04-04. Какая интонация? Listen to the sentences on the recording and identify the type of intonation you hear. Place a period or a question mark at the end of the sentence.

1. (IC- _____) Вы но́вый стажёр__
2. (IC- _____) Какой язы́к вы изуча́ете__
3. (IC- _____) Вы хорошо́ говори́те по-ру́сски__
4. (IC- _____) Вы чита́ете по-английски__
5. (IC- _____) Какая у вас специа́льность__
6. (IC- _____) Где вы живёте__
7. (IC- _____) Вы понима́ете по-ру́сски__
8. (IC- _____) Джим у́чится на факульте́те ру́сского языка́__
9. (IC- _____) Что она́ чита́ет__
10. (IC- _____) Я учу́сь на второ́м ку́рсе__

04-05. Повторение — мать учения. Repeat the sentence pairs on the recording, imitating the intonation as closely as you can. Each pair of sentences forms a question-answer mini-dialog.

1. Вы у́читесь в университе́те?
2. *Да, я учу́сь на второ́м ку́рсе.*
3. Что вы изуча́ете?
4. *Я изуча́ю ру́сский язы́к.*
5. Ва́ша специа́льность — ру́сский язы́к?
6. *Нет, моя́ специа́льность — ру́сская исто́рия.*
7. Вы хорошо́ говори́те по-ру́сски.
8. *Нет, я ду́маю, что я говорю́ пло́хо.*
9. Вы чита́ете по-ру́сски?
10. *Да, чита́ю.*
11. Каки́е ещё языки́ вы зна́ете?
12. *Я зна́ю францу́зский и испа́нский языки́.*
13. Где вы живёте?
14. *Я живу́ в общежи́тии.*

04-06. Listening for stress. Mark the stress on these recently introduced words as said in the recording.

1. учатся
2. училась
3. пишут
4. писать
5. работаешь
6. работала
7. учителя
8. дома
9. города
10. филологический
11. филология
12. филолог
13. социологический
14. социология
15. социолог
16. педагогический
17. педагог
18. педагогика
19. второй
20. третий
21. четвёртый
22. пятый
23. шестой
24. седьмой
25. восьмой
26. девятый
27. десятый

Имя и фамилия _____

04-07. Редукция. Review the rules for pronouncing unstressed **o** and **e.** Listen to the recording and imitate the pronunciation of these words as closely as you can. Add other words you know to the list and practice their pronunciation.

unstressed **o** $\implies$ [a] or [ə]   unstressed **e** $\implies$ [I]

1. профéссор
2. полúтика
3. понимáю
4. биолóгия
5. филосóфия
6. говорю́

7. немéцкий
8. сейчáс
9. математика
10. литератýра
11. телефóн
12. преподавáтель

04-08. Мягкий л. In the words below, **ь** indicates the softness (palatalization) of the preceding **л.** Recall that palatalization means pronouncing a consonant with the middle portion of the tongue raised toward the palate. Listen to the following familiar words and imitate the pronunciation of the palatalized *l* (**ль**) in these words as closely as you can.

1. специáльность
2. фильм
3. тóлько
4. факультéт
5. автомобúль
6. преподавáтель

Имя и фамилия _____

Письменные упражнения

04-09. (2. В vs. на). Fill in the blanks with the correct preposition.

Юра учится ____На____ втором курсе ____На____ институте ____в____ Киеве.
Там он учится ____в____ филологическом факультете, ____в____ кафедре
русского языка. Живёт он ____в____ общежитии.

04-10. (2. В vs. на). Fill in the blanks with the correct preposition, or leave
blank if no preposition is necessary.

1. ____в какае____ какой школе вы учились?
2. ____в____ каком университете вы учитесь?
3. ____в____ каком факультете вы учитесь?
4. Вы учитесь ____в____ четвёртом курсе или ____в____
аспирантуре?
5. Вы живёте ____в____ квартире или ____в____ общежитии?
6. Вы работаете ____в____ библиотеке или ____На____ дома?

04-11. (2. В vs. на + prepositional case). Fill in the blanks with needed
prepositions and with adjectives and nouns in the prepositional case. The
exercise refers to a major city in Russia's Ural Mountains, Ekaterinburg. (Since
it starts with a Russian "Е," it is sometimes transliterated as "Yekaterinburg."
Find the city on the map. What else can you find out about it? The word
"federal" is a cognate with a soft **л**. How would you write that word in Russian?
Try below.

Имя и фамилия _____

— Где вы учитесь?

— Здесь, [1 — in Russia] _____ , или

дома, [2 — in America] _____? Здесь, [3 — in

Екатеринбург] _____ , я учусь [4 — in the federal

university] _____ [5 — in the economics

department] _____.

Дома, [6 — in California] _____ , я учился

[7 — in a small university] _____ и

изучал русский язык.

— А где вы живёте [8 — in Ekaterinburg] _____, [in an

apartment] _____?

— Нет, [9 — in a large dorm] _____.

— А вы только учитесь?

— Нет, я также работаю [10 — in our museum] _____
искусств (art).

04-12. (1. and 3. Учи́ться, занима́ться, изуча́ть). Compose sentences from
the following elements, adding prepositions where necessary. Be sure to make
the verbs agree with their subjects and the modifiers agree with the nouns they
modify; put the objects of the prepositions **в** and **на** in the prepositional case. Be
sure to place a question mark at the end of questions.

Имя и фамилия _____

Саша/учиться/институт $\Longrightarrow$ Саша учится в институте.

1. Ира/изучать/немецкий язык?

   _____

2. Где/вы/учиться?

   Где и вы учитесь

3. Мы/учиться/государственный/университет.

   Мы учимся

4. Я/учиться/исторический/факультет.

   Я учится , в

5. Майк и Дебби/учиться/Филадельфия

   учитесь

6. Ты/заниматься/библиотека?

   Ты занимаешься

7. Какой/курс/учиться/твой/соседи?

   Какай курс твой соседи уча учит ся

8. Кто/учиться/аспирантура?

   _____

04-13. (2. **В vs. на** + prepositional case, 3. **Учи́ться**). **Кто где учится или работает?** Compose sentences with the following elements in the order provided to tell who works or studies where. Follow the capitalization given.
Образец:

Саша — третий курс — Медицинский университет — Петербург
Саша учится на третьем курсе в Медицинском университете в Петербурге.

Имя и фамилия _____

1. Ира — первый курс — Педагогический университет — **Бишкек**

_____

_____

Бишке́к is the capital of **Кыргызста́н**, a mountainous country to the south of Russia. Can you locate Kyrgyzstan on a map?

2. Миша — большая лаборатория — Каменская улица — **Новосибирск**

_____

_____

Новосиби́рск is the largest city in Siberia.

3. Петя — второй курс — Финансовая Академия - Москва

_____

_____

4. Мила — аспирантура — **Ярославский** государственный университет

_____

_____

Яросла́вль is one of the cities in Russia's heartland, known as the Golden Ring.

5. родители — научный институт — улица Тихоокеанская — **Хабаровск**

_____

_____

Хаба́ровск is on Russia's Pacific Coast. Logically enough, **Тихоокеа́нская у́лица** means *Pacific Ocean Street*: **Ти́хий** is *quiet* or *calm*, a translation of *pacific*.

04-14. (1. and 3. Study verbs). Translate into Russian.

1. I went to an old university in California. _____

_____

Имя и фамилия _____

2. Christina is a sophomore. _____

   _____

3. This student takes Russian. _____

   _____

4. Her parents work in the history department. _____

   _____

5. My neighbor does homework in the library. _____

   _____

6. We did not take French. _____

   _____

7. Do you study or have a job? _____

   _____

04-15. (1.—3. Personalized). Answer the following questions in complete sentences.

1. Как вас зовут? _____

2. Вы учитесь или работаете? _____

3. Где? _____

4. На каком курсе вы учитесь? _____

   _____

5. Какая у вас специальность? _____

6. Какие языки вы знаете? _____

   _____

Имя и фамилия _____

7. Вы живёте в общежитии или в квартире? _____

_____

8. А где живут ваши родители? _____

9. Где они учились? _____

_____

04-16. (Case review). Review the use and meaning of the three cases you know. In the following passage, indicate in the numbered blank after each italicized word or phrase whether it is in the nominative (N), prepositional (P), or accusative (A) case.

Это *новый стажёр* [1] _N_. Его зовут *Джим Браун* [2] _N_. *Джим* [3] _P_ учится в *университете* [4] _P_ имени Герцена в *Петербурге* [5] _____. *Он* [6] _P_ живёт в *общежитии* [7] _P_. В *Америке* [8] _P_ *Джим* [9] _P_ учится на *третьем курсе* [10] _P_. *Он* [11] _P_ учится на *филологическом факультете* [12] _____. *Он* [13] _ teaches изучает *русский язык* [14] _A_ и *литературу* [15] _A_. *Джим* [16] _A_ читает *газеты* [17] _A_ и *журналы* [18] _A_ в *библиотеке* [19] _P_. *Он* [20] _N_ слушает *записи* [21] _A_ в *компьютерном центре* [22] _____. У него очень *хорошая программа* [23] _A_. *Его преподаватель* [24] _A_ — *Анна Петровна Костина* [25] _____. *Анна Петровна* [26] _A_ хорошо знает *русскую грамматику* [27] _N_. *Она* [28] _A_ хорошо **преподаёт** *русский язык* [29] _A_. *Джим* [30] _A_ читает *третий урок* [31] _____ в *учебнике* [32] _P_. *Он* [33] _A_ хорошо понимает *материал* [34] _N_.

Имя и фамилия _____

04-17. (4. Accusative case). Fill in the blanks with adjectives and nouns in the accusative case.

1. Президент читает [документы] _документы_____.

2. Русские любят читать [поэзия] _поэзию_____.

3. Американцы любят читать [научная фантастика] _____
   _научную фантастику_____.

4. Студенты читают [новые материалы] _новые материалы_____ в
   библиотеке.

5. [Какие книги] _какие книги_____
   вы любите читать?

6. [Какая книга] _какую книгу_____ ты читаешь?

7. Вы читаете [газета] _газету_____ или [журнал]
   _журнал_____?

8. Вы хорошо знаете [американская литература] _____
   _американскую_____? _литературу_

9. [Какой журнал] _какой журнал_____
   читает Маша?

10. Я читаю [новая интересная газета] _новую_____
    _интересную газету_____.

Имя и фамилия _____

04-18. (5. Любить). Fill in the blanks with the correct forms of **любить**.
Answer the question at the end of the paragraph in a complete sentence.

Оксана и Максим учатся в университете. Они очень [1] _люблю́ю_
литературу и иностранные языки. Оксана [2] _лю́бит_
читать по-английски, а Максим [3] _лю́бит_ немецкие
журналы и газеты. Их родители хорошо знают французский язык и [4]
лю́бят французские фильмы. Мы [5]
лю́бим их спрашивать о французских
фильмах. А что вы [6] _лю́бите_ изучать в университете?

**04-19. (6. Review of prepositional case with о). О чём мы думаем и
говорим?** Finish the following sentences with "about ____." Choose from the
subjects below or add in your own.

политика   лекции
религия   этот университет
наша семья   экономические проблемы
новые курсы   программы в России
работа

1. Журналисты пишут _о   политике_ .
2. Валя пишет Елене Анатольевне _о религии_ .
3. Я не люблю думать _о_ .
4. Родители часто спрашивают _о нашей семье_ .
5. Почему ты не спрашиваешь _о новом курсе._ ?
6. Русский президент говорит _о работе_ .
7. Американский президент говорит _о лекции_ .
8. Американцы любят говорить _об этом университете_
9. Американцы не любят говорить _об экономических проблемах_
10. — О чём вы думаете? — Я думаю _о программах в_
России.

Имя и фамилия _____

04-20. **(6. Pronouns in prepositional case).** Answer the following questions using pronouns to replace as many words as possible.

Вы говорите о политике? $\Longrightarrow$ Да, мы говорим о ней.
Анна говорит о Вадиме? $\Longrightarrow$ Да, она говорит о нём.

1. Американские студенты говорят о новых фильмах? _____
   Да, они говорят о них .

2. Ирина знает об этом университете? _____
   Да, она знает о нём

3. Ваши родители много спрашивают о вашей учебной программе в России?
   Да, они спрашивают о ней
   _____ .

4. Они спрашивают о курсе русского языка?
   Да, они спрашивают о нём. _____ .

04-21. **(6. Pronouns in prepositional case).** Answer the following questions using nouns.

1. О чём вы говорите?
   Мы говорим о машине

2. О ком вы говорите?
   Мы говорим о Саше

3. Кто о вас говорит?
   о нас говорит Тема

04-22. **(Review of languages).** Fill in the blanks with the correct words, using the word-bank provided for language phrases.

английский язык   по-английски
итальянский язык   по-итальянски
немецкий язык   по-немецки
французский язык   по-французски

Имя и фамилия _____

— [1 - What languages] _____ вы знаете?

— Я [2 - speak French] _____, и

[3 - read] _____ и [4 - write]

_____ [5 - German] _____ и

[6 - English] _____.

— Вы [7 - know English well] _____

_____?

— Нет, моя специальность — [8 - French] _____.

[9 - French] _____ я

[10 - know] _____ [11 - well]

_____. А вы?

— Я [12 - take] _____

[13 - French] _____ и [14 - Italian]

_____ в университете, но [15 - speak]

_____ [16 - French]

_____ только [17 - a little]

_____.

04-23. **(7. Conjunctions).** Fill in the blanks with the conjunctions **что, где, как, какой/какие,** and **потому что.**

1. Я думаю, _____что_____ вы хорошо знаете русский язык.

2. Она не знает, ____где_____ он изучал французский язык, в школе или в университете.

3. Он не понимал, ____что____ я говорил, ___потому что___ он плохо знал русский язык.

4. Ты спрашиваешь, ____какие_____ языки мы изучаем?

5. Они не говорят, ____как_____ они читают по-арабски, быстро или медленно.

Имя и фамилия _____

04-24. (8. Тоже vs. также). Complete the sentences according to the model, using **тоже** or **также** as appropriate to context.

Антон учится в университете. (работает)   ⟹   Он также работает.

1. Маша читает статьи о финансовых рынках. (я)

    _____

2. Наши друзья изучают биологию. (химию)

    _____

3. Американцы учатся в Санкт-Петербурге. (Алматы)

    _____

4. В Казани говорят по-татарски. (по-русски)

    _____

5. У меня сейчас экономика. (у тебя)

    _____

6. Китайский язык трудный. (арабский язык)

    _____

04-25. (Что изучают в российских вузах?). In a search engine, find the homepage of any of the colleges listed below. Then find out what subjects students can take in a given **факультет**. To do this, navigate your way to **факультеты**. You may have to scroll down further to the individual **кафедры** in each **факультет**. Each **кафедра** represents a **предмéт** — *a school subject*.

Once you have found the correct page, list three possible **предмéты** for each school following this example:

Российская экономическая академия — студенты-экономисты

В Российской экономической академии студенты-экономисты изучают экономическую теорию, национальную и региональную экономику и социальное развитие.

Волгоградский государственный университет (ВолГУ) — студенты-филологи

_____

_____

_____

Карельская государственная педагогическая академия (КГПА) — студенты-психологи

_____

_____

_____

Российский государственный гуманитарный университет (РГГУ) — студенты-философы.

_____

_____

_____

04-26. (Pulling it all together. Say what you can, not what you can't!). Look at the English sentences below. For each, determine if (a) you can translate it, (b) you can say something similar, or (c) it's still beyond your proficiency level.

1. My friend Sasha was in high school. But now she's in college majoring in economics.
2. So Sasha is now in her first year. And naturally, she's taking econ — macroecon, microecon, international econ. But she also takes other stuff. She said she's taking European history and international affairs. And also calculus. [*We'll give you that one*: **математический ана́лиз**].
3. If Sasha's doing economics, that means she loves math. You can't take econ if you don't know math.
4. But what about foreign language?
5. She took Spanish in high school. But she's not taking it in college.
6. How come?
7. Because she says she already speaks Spanish really well. And they don't teach hard languages like Russian or Chinese.

04-27. (Презентация). You have agreed to help friends create a video mash-up of a college campus. They have already given you bits and pieces of the recording, which you can find on the textbook website. Your job is to make a video or slide presentation (depending on your own level of technical sophistication). Choose or create pictures or video sequences of your own campus and attach the audio in the right places.

04-28. (Ваша презентация). Start with the presentation that you created above. How (and where) would you add in the following information?

а.   А я? Я изучаю _____
б.   А вот наш / наша / наше / наши _____.
в.   Здесь студенты [делают что] _____.

Now record those lines and add them into the slideshow.

Видео

04-29. Новые слова. You already know some words for various kinds of "school." Listen to the video all the way through and select which of the following words were used in the recording.

_____ институт — institute; specialized college
_____ школа — elementary school; high school
_____ училище — trade school
_____ кафедра — department (college)
_____ академия — similar to a институт
_____ университет — university
_____ класс — grade (1st, 2nd, 3rd, etc.)
_____ факультет — department/division
_____ колледж — (in Russia) similar to a community college

Имя и фамилия _____

You will also need these words:

дéвушка — girl (teenage through about 30): **однí дéвушки** — only girls
основнóй предмéт = специáльность (*lit.* main subject)
перевóд и переводовéдение — translation and translation theory. *The ending* **-вéдение** *usually corresponds to "science" or "-ology."*
родúться (родúлся, родилáсь, родилúсь) — was born

04-30. Кто где учится? Match each person with the university where he/she studies.

Студенты:

1. _____ Артём Асташенков
2. _____ Аня Хазова
3. _____ Денис Мисюн

Места учёбы

a. Невский институт языка и культуры
b. Карельская педагогическая академия
c. Московский государственный университет

04-31. Кто что изучает? Match each person with the subject he/she studies.

Студенты:

1. _____ Артём Асташенков
2. _____ Аня Хазова
3. _____ Денис Мисюн

Учебная программа:

a. английский и немецкие языки
b. перевод и переводоведение
c. международные отношения

04-32. СЛОВА, СЛОВА, СЛОВА... Before completing the next few segments, review the words below that have to do with success in school.

Отметки (оценки) — grades
пятёрка (5) — A
четвёрка (4) — B
тройка (3) — C
двойка (2) — D (*a failing grade in Russia*)

Имя и фамилия _____

Другие слова — other words

поступи́ть в университет — to enroll in college
око́нчить (школу, институт, университет) — to graduate from...
с отли́чием — with distinction
учи́ться на «отли́чно» — to get As
с золото́й меда́лью — with a gold medal

04-33. Семья Кудряшовых. Watch the next segment of the video and answer the following questions by selecting the correct response.

1. Как Лена Кудряшова училась в школе?
    - ○ У неё были четыре тройки.
    - ○ Училась на четвёрки и пятёрки.
    - ○ У неё были «минимальные» отметки.
    - ○ Окончила школу с золотой медалью.

2. Что она главным образом изучала в университете?
    - ○ религию   ○ иностранные языки
    - ○ историю   ○ новейшие предметы

3. Как учился Юра Кудряшов в университете?
    - ○ У него были четыре тройки.
    - ○ Учился на четвёрки и пятёрки.
    - ○ У него были «минимальные» отметки.
    - ○ Окончил университет с отличием

4. Кто Саша по специальности?
    - ○ лингвист   ○ эколог
    - ○ экономист   ○ журналист

5. Что Саша изучала в школе? (Отметьте все правильные ответы.)
    - ☐ математику   ☐ биологию
    - ☐ литературу   ☐ географию
    - ☐ английский язык   ☐ геологию
    - ☐ физику   ☐ философию
    - ☐ химию

04-34. Профессор Опёнков и его жена. Select the subject that each of these people studied beyond high school.

1. Mikhail Openkov
   - ○ medicine
   - ○ stenography
   - ○ ecology
   - ○ philosophy
   - ○ humanities

2. Olga Pospelova
   - ○ medicine
   - ○ stenography
   - ○ humanities
   - ○ philosophy
   - ○ ecology

04-35. Александр Морозов. Этот студент живёт и учится в Москве. Что ещё мы знаем о нём? Select the correct response to each question.

1. Какая специальность у Александра Морозова?
   - ○ менеджмент
   - ○ математика
   - ○ экономика

2. Где он сейчас учится?
   - ○ в гимназии
   - ○ в школе менеджмента
   - ○ в экономической академии
   - ○ в Московском университете

3. Какие предметы он изучает? (Отметьте все правильные ответы.)
   - ○ финансы
   - ○ философия
   - ○ социология
   - ○ математика
   - ○ английский язык
   - ○ естествознание

4. Любимый предмет Александра Морозова:
   - ○ финансы
   - ○ философия
   - ○ социология
   - ○ математика
   - ○ английский язык
   - ○ естествознание

5. Самый трудный для него предмет:
   - ○ финансы
   - ○ философия
   - ○ социология
   - ○ математика
   - ○ английский язык
   - ○ естествознание

Имя и фамилия _____

04-36. Семья Гущенко. Based on what you hear in the video segment about the Gushchenko family in Saint-Petersburg, select the word that best completes each sentence.

Валерий Гущенко говорит:

1. Английский язык я изучал _____.
   - ○ в бизнес-школе
   - ○ на курсах английского языка
   - ○ в Горном институте
   - ○ на филологическом факультете

2. Могу _____ читать и писать.
   - ○ немного
   - ○ со словарём
   - ○ не очень хорошо
   - ○ свободно

Зоя Османовна говорит:

3. Надя окончила 10 классов _____.
   - ○ с трудом
   - ○ с отличием
   - ○ с тройками
   - ○ с золотой медалью

4. Она поступила в _____ институт.
   - ○ горный
   - ○ медицинский
   - ○ технологический
   - ○ экономический

5. Сейчас она _____.
   - ○ кассирша в банке
   - ○ преподаватель
   - ○ начальник отдела
   - ○ домохозяйка

6. А кто она была по специальности?
   - ○ лингвист
   - ○ экономист
   - ○ стенографист
   - ○ врач-анестезиолог

04-37. Преподаватель английского языка. Select the correct response to each question about the English teacher.

1. Как фамилия этого преподавателя?
   - ○ Марков
   - ○ Маркович
   - ○ Сегаль

Имя и фамилия _____

2. В каком университете он работал?
   ○ РГПУ   ○ РГГУ   ○ СПГУ   ○ СПГТИ

3. Какие языки изучают в этом университете?
   ○ славянские   ○ африканские
   ○ азиатские   ○ европейские

4. Какие курсы он читал? (Отметьте два правильных ответа.)
   ○ страноведение США   ○ грамматика/синтаксис
   ○ фонетика/фонология   ○ история Англии

04-38. Жена преподавателя английского языка. Select the correct response to each question about the English teacher's wife.

1. Как Дина училась в школе?
   ○ с отличием   ○ на тройки
   ○ хорошо   ○ была двоечница

2. Где она училась после школы?
   ○ в РГПУ   ○ в медицинском институте   ○ ЛГУ

🎧 Устные упражнения

Do each short exercise several times. You will know you have active control of the forms when you can supply the correct answers without hesitation.

Oral Drill 1 (2. Telling time on the hour) Look at the pictures and give the time.

Образец:
— Ско́лько сейча́с вре́мени?
—Сейча́с во́семь часо́в.
Продолжа́йте!

а.   б.   в.   г.

д.   е.   ж.

Oral Drill 2 (2. Telling time on the hour) Say that you have a lecture at the following times.

Образец:
— Когда́ у вас ле́кция?/9 ⟹ — У меня́ ле́кция в де́вять часо́в.
Продолжа́йте!
8, 11, 12, 1, 2, 3

Oral Drill 3 (2. Times of the day) Based on the schedule below, answer the questions on the recording. Use **у́тром, днём, ве́чером,** or **но́чью** in your answer. The word being asked about comes at the end of the answer.

8.00	чита́ть газе́ту
8.15	идти́ в университе́т
9.00	францу́зский язы́к — фоне́тика
10.30	занима́ться в библиоте́ке
12.30	обе́дать
14.00	францу́зский язы́к — грамма́тика
16.00	аэро́бика
19.45	идти́ в кино́
23.00	занима́ться до́ма

Образец:
— Когда́ вы чита́ете газе́ту? ⟹ — Я чита́ю газе́ту у́тром.
Продолжа́йте!
Когда́ вы идёте в университе́т?
Когда́ у вас грамма́тика?
Когда́ вы идёте в кино́?
Когда́ вы занима́етесь в библиоте́ке?
Когда́ вы обе́даете?
Когда́ у вас фоне́тика?
Когда́ вы занима́етесь до́ма?
Когда́ у вас аэро́бика?

Oral Drill 4 (2. Telling what day something happens) Following the model, tell what day these classes meet.

Образец:

— В какóй день у вас рýсский язы́к? (втóрник)
— Рýсский язы́к во втóрник.

Продолжáйте!

В какóй день у вас...?/В каки́е дни у вас...?

истóрия/втóрник, четвéрг
биолóгия/средá, четвéрг
хи́мия/понедéльник, пя́тница
психолóгия/понедéльник
математика/средá, четвéрг

Oral Drill 5 (3. New verbs) Practice the new verbs by saying what the following people do.

Образец:

Что дéлает Володя? (вставáть в 7 часóв)
Волóдя встаёт в 7 часóв.

Продолжáйте!

мы (зáвтракать)
они́ (одевáться)
я (идти́ на лéкцию)
роди́тели (обéдать в кафé)
Мари́на (занимáться)
ты (убирáть кóмнату)
Ди́ма и Кóстя (читáть газéты)
Рóберт (смотрéть телеви́зор)
А вы?

Oral Drill 6 (3. New verbs) Say what Svetlana did yesterday.

Образец:

принимáть душ $\implies$ Светлáна принимáла душ.

Продолжáйте!

одевáться, зáвтракать в общежи́тии, занимáться в библиотéке, обéдать в кафетéрии, отдыхáть дóма, слýшать мýзыку, читáть журнáлы, ýжинать в 8 часóв

Oral Drill 7 (5. Идти) Ask where the following people are going. In short questions with a question word, the nouns normally come after the verb, whereas the pronouns come before.

Образец:

Куда́ ты идёшь?/он ⟹ Куда́ он идёт?

Продолжайте!

она́, вы, они́, мы, Та́ня, Та́ня и Ни́на

Oral Drill 8 (5. Ехать) Say the following people are going to Novgorod.

Образец:

Куда́ е́дет наш преподава́тель?
Наш преподава́тель е́дет в Но́вгород.

Продолжайте!

роди́тели, я, мы, Анна, ты, Оле́г, вы

Oral Drill 9 (1. Class and 5. Где vs. куда́) Answer the question with the prompt.

Образцы:

Где Ма́ша? (уро́к) ⟹ Она́ на уро́ке.

Куда́ иду́т студе́нты? (заня́тия) ⟹ Они́ иду́т на заня́тия.

Продолжайте!

Где преподава́тель? (аудито́рия)

Куда́ иду́т шко́льники? (уро́к)

Где студе́нты? (заня́тия)

Куда́ иду́т первоку́рсники? (пе́рвая па́ра)

Где на́ши профессора́? (ле́кции)

Где Анна Петро́вна? (ле́кция)

Куда́ ты идёшь? (заня́тия)

Куда́ идёт но́вая аспира́нтка? (семина́р)

Oral Drill 10 (7. Где vs. куда) Ask the speaker to repeat the places named.

Образцы:

Та́ня рабо́тает в Москве́. ⟹ Где?

Алёша идёт на рабо́ту. ⟹ Куда́?

Продолжайте!

Ва́ня опа́здывает на фильм.

Ка́тя за́втракает до́ма.

Со́ня е́дет в Но́вгород.

Вади́м занима́ется в библиоте́ке.

Ва́ся идёт в библиоте́ку.

Я отдыха́ю в па́рке.

Мы у́чимся в большо́м университе́те.

Не хо́чешь пойти́ в бассе́йн?

Oral Drill 11 (7. В/на + accusative case for direction) Say that you are going to the following places.

Образец:

— Куда́ ты идёшь? (парк) ⟹ — Я иду́ в парк.

Продолжайте!

магази́н, рестора́н, библиоте́ка, рабо́та, музе́й, стадио́н, дом, аудито́рия, кафе́

Oral Drill 12 (5. Идти́ vs. е́хать and 7. В/на + accusative case)
State that you all are going to the places mentioned below. If it is possible to walk, then walk. Otherwise, go by vehicle.

Образец:

Нью-Йо́рк ⟹ Мы е́дем в Нью-Йо́рк.

уро́к Мы идём на уро́к.

Продолжайте!

рабо́та, Москва́, библиоте́ка, Росси́я, конце́рт, Ирку́тск, Владивосто́к, да́ча, музе́й, бассе́йн, рестора́н, Англия, кафе́

Oral Drill 13 (7. В/на + accusative case for direction) Say that you are late to the following places. Remember that activities take the preposition **на.**

Образец:

— Ты опа́здываешь? Куда́? (уро́к) ⟹ — Я опа́здываю на уро́к.

Продолжа́йте!

университе́т, ле́кция, рок-конце́рт, библиоте́ка, эконо́мика, ру́сский язы́к, ру́сская исто́рия,

кафе́, магази́н, уро́к, рабо́та

Oral Drill 14 (Invitations and 7. В/на + accusative case for direction) Invite a friend to go to the following places.

Образец:

магази́н ⟹ Хо́чешь пойти́ в магази́н?

Продолжа́йте!

парк, но́вый рестора́н, конце́рт, библиоте́ка, кино́, бале́т

Oral Drill 15 (Review of в/на — prepositional case for location)

Following the model, tell where the following people work.

Образец:

— Где рабо́тает Та́ня? (музе́й) ⟹ — Та́ня рабо́тает в музе́е.

Продолжа́йте!

Бори́с — библиоте́ка

Мари́я Ива́новна — шко́ла

Анто́н Па́влович — институ́т

Шу́ра — магази́н

Ле́на — кино́

Да́ня — стадио́н

студе́нты — музе́й

я — кафе́

> **Кино́** here means "film industry." An individual movie theater is **кинотеа́тр.**

Oral Drill 16 (8. Дóлжен and свобóден) Say that the following people are not free; they have to study.

Образцы:

Кири́лл свобóден сегóдня? ⟹ Нет, он дóлжен занима́ться.

А Анна свобóдна сегóдня? ⟹ Нет, она́ должна́ занима́ться.

Продолжайте!

Ма́ша, Вади́м, Гри́ша, Вади́м и Гри́ша, мы, Са́ра, студéнты, я

Oral Drill 17 (Review of subjects) Practice responding to the questions about what class you have next.

Образец:

Что у тебя́ сейча́с?/истóрия ⟹ Сейча́с у меня́ истóрия.

Продолжайте!

экономика, ру́сский язы́к, англи́йская литерату́ра, матема́тика, междунарóдные отношéния, геогра́фия

🎧 Числительные

05-01. Во ско́лько? Listen to the recording and fill in the time in the sentences below. Write numbers as either words or digits and the appropriate Russian form of "o'clock".

1. Я встаю́ в _____.

2. Я за́втракаю в _____.

3. Я иду́ на уро́к в _____.

4. Ру́сская разгово́рная пра́ктика в _____.

5. Я обе́даю в _____.

6. Я иду́ в библиоте́ку в _____.

7. В суббо́ту я иду́ в кино́ в _____.

05-02. Ско́лько сто́ит...? Напиши́те, ско́лько сто́ят э́ти сервисы. Write the prices of the following services in rubles. Where services charge daily, weekly, monthly, or yearly listen for the phrases: **в день (за су́тки)**, **в неде́лю**, **в ме́сяц** (also **на ме́сяц**), **в год**.

> су́тки (always plural) – 24 hour period

1. Аренда велосипеда, г. Сочи — _____ ₽ за _____.

2. Слу́жба «Нетфликс» в России — _____ ₽ в

   _____.

3. Связь с Интернетом, 500 мб/с — _____ ₽ в

   _____.

4. Мобильный план компании «Билайн», ∞ Гб, 200 мин/месяц,

   300 СМС — _____ ₽ в месяц.

5. Единый транспортный билет (безлимитный проезд на автобусе,

   троллейбусе, трамвае, метро) — _____ ₽ на

   _____, _____ ₽ на _____.

6. Номер в отеле « АМАКС Сафар» (★★★), г. Казань,

   _____ – _____ ₽.

7. Аренда автомобиля «Тойота Ярис» — _____ ₽ в

_____.

8. Фитнес-центр Energy Life, абонемент — _____ ₽ в _____.

9. Двухко́мнатная кварти́ра, г. Уфа, 40 м², аренда — _____ ₽ в

_____.

10. Вы́сшее образова́ние: Дальневосто́чный госуда́рственный

университет, небюджѐтное ме́сто — _____ ₽ в _____.

🎧 Фонетика и интонация

05-03. Voiced and voiceless consonants. Listen to the following text on voiced and voiceless consonants.

Voiced and voiceless consonants

в	з	ж	б	г	д	Vocal chords vibrate (*voiced*)
ф	с	ш	п	к	т	Vocal chords are silent (*voiceless*)

1. Word-final devoicing. A voiced consonant at the end of a word is pronounced voiceless.

We write	*We say*
джа**з**	джа**с**
гара́**ж**	гара́**ш**

2. Voiced–voiceless assimilation. When a voiced and voiceless consonant are adjacent to each other, the nature of the second consonant dictates the nature of the first. For this rule to be in effect, both consonants involved have to be part of voiced–voiceless pairs, outlined in the chart.

We write	*We say*
В Ки́еве	**Ф** Ки́еве
баске**тб**о́л	баске**дб**о́л

05-04. Voiced—voiceless consonants in context. Listen to the conversations below. Keep in mind the rules for voiced and voiceless consonants. Repeat the dialogues to yourself and try to imitate the pronunciation as closely as you can.

1. — Олéг! Что ты сейчáс дéлаешь? Мóжет быть, пойдём вмéсте в магазúн?
    — Я не могý. В пять часóв у меня урóк англúйского языкá.
    — Но сегóдня четвéрг! А у тебя урóк тóлько в срéду.
    — В срéду у меня англúйская фонéтика.
    — А когдá ты идёшь домóй?
    — В вóсемь часóв. Извинú, я дóлжен идтú.

2. — Извинúте, как вас зовýт?
    — Глеб.
    — Óчень приятно, Глеб. Меня зовýт Рúчард. Я ваш сосéд.
    — Óчень приятно. Вы живёте на э́том этажé?
    — Да. Вот здесь, в пятой кóмнате.

05-05. Voiced—voiceless consonants: noticing. Listen to the conversations again. In the numbered items after consonants or consonant clusters, select the actual sound you hear, keeping in mind the rules for voiced and voiceless consonants.

Образец:

Лéна [1] **в** Кúеве? $\Longrightarrow$ Лéна [1] **в**(ф) Кúеве?

Вы говорúте [2] по-ру**сс**ки? $\Longrightarrow$ Вы говорúте [2] по-ру**сс**(с)ки?

1. — [3] Олé**г**! Что ты [4] сейчá**с** дéлаешь? [5] Мóже**т** быть, пойдём [6, 7] **в**мé**с**те [8] **в** магазúн?
    — Я не [9] мо**г**ý. [10] **В** пять [11] часó**в** у меня урóк англúйского языкá.
    — Но [12] сегóдня [13] четвéр**г**! А у тебя урóк тóлько [14] **в** срéду.
    — В срéду у меня [15] ан**г**лúйская фонéтика.

— А [16] когда́ ты [17] идё**шь** домо́й?

— [18] **В** во́семь [19] часо́**в**. Извини́, я [20] до́л**ж**ен [21] идти́.

2. — Извини́те, как [22] ва**с** зову́т?

— [23] Гле**б**.

— Очень [24] прия́**т**но, Глеб. Меня́ [25] зову́**т** [26] Ри́чар**д**. Я [27] ва**ш** [28] сосе́**д**.

— Очень [29] прия́тно. Вы живёте на э́том [30] этаж**е́**?

— Да. Вот здесь, [31] **в** пя́той ко́мнате.

05-06. Слушаем ударение. Mark the stress on the new words in boldface.

Мой день

1. Я **встаю** в восемь часов.

2. Я **завтракаю** дома и **обедаю** в кафе в университете.

3. Если **тепло**, мы **идём** на занятия пешком. пешко́м — on foot

4. А когда **холодно**, мы **едем** на **автобусе**.

5. **Первая** пара у меня в **одиннадцать** часов, а **вторая** пара в два **часа**.

6. Я **еду домой** в шесть часов **вечера**.

7. Но **вчера** я работал поздно. Я был **дома** только в **десять** часов. Я даже не **ужинал**. да́же — even

О географии

1. В **России** одни из самых **больших городов** — это **Москва**, Санкт-**Петербург** и **Казань**. са́мый — most

2. В США самые **большие** штаты — это **Аляска** и **Техас**.

3. В США **большие дома для семей** находятся не в самом городе, а в пригороде. при́город — suburb

4. В Америке **утром** на работу **едут** на машинах. **Автобусы**, **троллейбусы** и **метро** ходят не так часто, как в **России**.

Имя и фамилия _____

Письменные упражнения

05-07. (1. Class) Fill in the correct Russian equivalent of the italicized word *class*.

1. They say organic chemistry is a hard *class*.

   Говорят, что органическая химия трудный

   предмет .

2. Today in *class* the professor said *classes* tomorrow are cancelled.

   Сегодня на *на уроке* *заняmиях заняmия* преподаватель сказал, что

   завтра все *уроке заняmия* отменяются.

3. Which *class* is best, фонетика или грамматика?

   Какой *курс* лучше?

4. Zhanna's taking history. It's a really big *class*.

   Жанна изучает историю. *Лекция , группа* очень большая.

05-08. (2. Telling time on the hour) Write a short dialog under each picture. Write out numbers as words.

Образец:

— Ско́лько сейча́с вре́мени?
— Пять часо́в.

1.

— *Сколько сейчас*
— *час*

2.

— _____
— *Четыре часа*

3.

— _____

— _Восемь часов_

4.

— _____

— _Девять часов_

5.

— _____

— _три часа_

6.

— _____

— _шесть часов_

05-09. (2. Time) Fill in the preposition **в** where necessary in the following conversations.

1. — Сколько сейчас времени?

    — __^__ 9 часов.

2. — Когда у вас русский язык?

    — __в__ 10 часов.

3. — Хотите пойти в магазин?

    — Когда?

    — __в__ 11 часов.

— У меня биология __в__ 11 часов. Давайте пойдём __в__ час.

— Договорились.

4. — Давайте пойдём в бассейн.

— Хорошо. Только у меня химия __в__ три часа.

— Но сейчас уже __∨__ три часа. Вы опаздываете.

05-10. (2. Telling on what day — personalized) Answer the following questions truthfully in complete sentences. The word(s) being asked about should go at the end of your answers. Remember that *never* is **никогда не**.

1. В какие дни вы не слушаете лекции?

   _____

   _____

2. В какие дни у вас русский язык?

   _____

   _____

3. В какие дни вы играете в футбол?

   _____

   _____

4. В какие дни вы занимаетесь в библиотеке?

   _____

   _____

5. В какие дни вы не завтракаете дома?

   _____

   _____

05-11. (2. Days of week and 3. New verbs) Write ten meaningful sentences using one element from each column. Supply needed prepositions and the correct endings. Do not change the word order.

понедельник		американцы	завтракать
вторник		русские	слушать лекции
среда	утром	студенты	работать
четверг	днём	преподаватель	отдыхать
пятница	вечером	мать	заниматься
суббота		я	(не) обедать дома
воскресенье		мы	смотреть телевизор
вчера			играть в футбол
			ужинать

Имя и фамилия _____

1. В понедельник утром американцы
2. Во вторник днём русские слушают лекции
3. В среду вечером студенты работают
4. В четверг утром отдыхает
5. В пятницу днём Маша занимается
6. В субботу вечером я звоню дома
7. В воскресенье утром мы смотрим телевизор
8. В понедельник вечером преподаватель ужи нает
9. В пятницу утром американцы занима ются
10. Во вторник днём студенты играют
   в футбол.

05-12. (2. Time and 3. New verbs) Translate into Russian.
Remember to use dashes for dialog, not quotation marks.

1. "What did you do yesterday?" "I studied in the library and then watched TV."

   _____

   _____

2. "Do you usually eat breakfast?" "Yes, I always eat breakfast at 8 o'clock."

   Ты обычно завтракаешь?

   _____

3. My parents work every day.

   _____

   _____

4. Yesterday we ate lunch in our dormitory.

_____

_____

5. He often gets up at 6 o'clock.

_____

_____

6. First, I go to classes and then I clean my room.   first... — снача́ла

_____

_____

7. On Friday and Saturday they eat dinner at an Italian restaurant.

_____

_____

8. Irina goes to bed late.

_____

_____

05-13. (5. Going: идти vs. ехать) Everyone is going somewhere tomorrow. Fill in the blanks with the appropriate verb.

1. Алла __едет__ в Москву.
2. Сергей __идет__ в кино.
3. Володя __идет__ в университет.
4. Мы __едем__ в Ташкент.
5. Кира и Дима __едут__ в Суздаль.
6. Я тоже __еду__ в Суздаль.
7. Ты __идёшь__ в библиотеку?
8. Родители __едут__ на дачу.
9. Дети __идут__ в школу.
10. Вы __идете__ на лекцию?

05-14. (5. Going: я иду or еду *set out* or *be on the way* vs. я хожу *make multiple round trips*) Fill in the blanks with the needed verb.

1. Каждый день я ___*хожу*___ в университет.
2. В понедельник я ___*хожу*___ на русский язык в 9 часов.
3. В субботу вечером я обычно ___*хожу*___ в кино.
4. В 5 часов я ___*иду*___ в кафе, и в 7 часов я ___*иду*___ домой.
5. Я сейчас ___*еду*___ на стадион.
6. В эту пятницу я ___*еду*___ в Нью-Йорк.

05-15. (6. Где/куда) Which of the verbs below are **где**-type verbs and which ones are **куда**-type? Formulate a question with each of the verbs and then answer it.

1. заниматься:

   _____

   _____

2. работать:

   _____

   _____

3. идти:

   _____

   _____

4. жить:

   _____

   _____

5. играть на гитаре:

_____

_____

6. учиться:

_____

_____

7. ехать:

_____

_____

8. опаздывать:

_____

_____

9. ходить:

_____

_____

05-16. (Case concept exercise) Review the use and meaning of the cases you know. In the following passage, indicate in the numbered blank after each italicized word or phrase whether it is in the nominative (N), prepositional (P), or accusative (A) case.

Я [1] ____ учусь в *университете* [2] ____. У меня занятия в *понедельник* [3] ____, *среду* [4] ____ и *пятницу* [5] ____. *Суббота* [6] ____ и *воскресенье* [7] ____ — мои любимые дни. В *субботу* [8] _____ я не занимаюсь. Утром я иду в *магазин* [9] ____, а вечером — в *кино* [10] ____.

В *понедельник* [11] ____ я иду на *интересную лекцию* [12] ____.
Наша лекция [13] ____ на *первом этаже* [14] ____.
На *лекции* [15] ____ я слушаю, что говорит *преподаватель* [16]
____. На *уроке* [17] ____ *мы* [18] ____ говорим только по-русски. Я
люблю *русский язык* [19] ____.

05-17. (1.—6. Распорядок дня) In the sentences of the following
story, supply the correct endings and the needed prepositions. Do not
change word order.

1. утром / я / вставать / рано.

   _____

   _____

2. я / принимать / душ / и / быстро / одеваться.

   _____

   _____

3. потом / я / завтракать / и / читать / газета.

   _____

   _____

4. девять / час / я / идти / университет, / потому что / у / я /
   русский язык / десять / час.

   _____

   _____

5. одиннадцать / час / у / я / история. Обедать / я / час.

   _____

   _____

6. днём / я / идти / библиотека / или / компьютерная
   лаборатория. Там / я / заниматься.

   _____

   _____

7. шесть / час / я / идти / дом, / где / я / ужинать.

   _____

   _____

8. вечером / я / отдыхать — обычно / слушать / американская
   музыка, / смотреть / телевизор /или / играть / гитара.

   _____

   _____

9. десять / час / я / ложиться спать.

   _____

   _____

05-18. (6. and 7. Где vs. куда) Translate into Russian. Replace
quotation marks with dashes to indicate dialog.

1. Every day I go to classes (*not* **класс**!).

   _____

   _____

2. Tanya and Vera worked in a restaurant.

   _____

   _____

3. "Where do you do your homework?" "At home."

   _____

   _____

4. "Who is always late for lectures?"

   _____

   _____

5. "Where are you going?" "I am going to the stadium."

   _____

   _____

Имя и фамилия _____

6. "Yesterday she ate dinner in the dormitory."

_____

_____

7. "Where are they going on Monday?" "They are going to Russia."

_____

_____

05-19. (Daily activities: review) Что делает Валя каждый день?
Write a narrative about Valya's day following the pictures below.

05-20. (8. Должен) Change sentences such as *Jane studies* to *Jane ought to study.*

1. Мы отдыхаем вечером.

   _____

   _____

2. Володя занимается в библиотеке.

   _____

   _____

3. Студенты говорят по-русски.

   _____

   _____

4. Родители смотрят новые фильмы.

   _____

   _____

5. Ты учишься в университете.

   _____

   _____

6. Преподаватель пишет по-английски.

   _____

   _____

05-21. (Daily activities: review) Fill in the blanks in the following diary with appropriate past-tense forms of the verbs provided.

завтракать, ужинать, читать, ходить, слушать, смотреть, думать, говорить, работать, заниматься, забыть, быть, убирать, отдыхать

понедельник: Сегодня я [1 — ate breakfast] _____
в столовой. Днём я [2 — read] _____ очень
интересную книгу.

вторник: Я весь день [3 — thought] _____

о работе.

среда: Утром я 4 часа [4 — studied] _____ в

библиотеке. Днём я [5 — worked] _____.

четверг: Днём я [6 — went] _____ на занятия.

Вечером я [7 — went] _____ в кино.

пятница: Я [8 — forgot] _____, что сегодня

вечером у нас вечеринка! Я днём [9 — straightened

up] _____ комнату.

> вечеринка
> — party

суббота: Мой брат [10 — looked at] _____ соцсети*

весь день, а я [11 — listened] _____ музыку.

*****Соцсеть =** социа́льная се́ть, наприме́р Фейсбу́к, Тви́ттер, Инстагра́м.

воскресенье: Днём я [12 — relaxed] _____ дома.

Вечером мы [13 — ate dinner] _____ в хорошем

ресторане.

05-22. (Daily activities: review)

1. Read through the following infinitive phrases and check the ones
indicating activities you did last week.

слушать подкаст, музыку, лекцию, …
читать новости, книгу, журнал, …
смотреть видеоклип, фотографии, посты в соцсетях, …
думать о политике, о новостях, о матери, …

> посты́ в соцсетя́х —
> posts *where*…?

говорить об университете, о России, …
писать о политике, об истории, о литературе, об экономике, о
социальных проблемах…
ходить в библиотеку, в музей, в театр, на концерт, на занятия, на
работу, …
работать (где?)
делать уроки (где?)
заниматься (где?)
завтракать (где?)
обедать (где?)
ужинать (где?)

2. Did you do something else that you can express in Russian?

3. Now fill in the following diary page, indicating one or two activities you did each day. Include each time of day (утром, днём, вечером, ночью) at least once and at least three clock times. Do not use any verb more than twice.

понедельник: _____

_____

вторник: _____

_____

среда: _____

_____

четверг: _____

_____

пятница:

_____

_____

суббота: _____

_____

воскресенье:

_____

_____

05-23. (Your life—personalized) Немного о себе. Answer the following questions about yourself in complete sentences. Try to be honest, within the bounds of the Russian words you already know.

1. Где вы сейчас живёте?

_____

Имя и фамилия _____

2. Вы всегда там жили? Если нет, где вы жили раньше?

_____

_____

3. В каком городе вы учились в школе? (Если вы и сейчас учитесь в школе, вы всегда учились в одной и той же школе?

в одно́й и той же — in the same...

_____

_____

4. Вы работали, когда вы учились в школе? Где?

_____

_____

5. Какие книги вы читали в школе?

_____

_____

6. Вы вчера читали новости утром или вечером?

_____

_____

7. Что ещё вы делали вчера?

что ещё — what else

_____

_____

8. Вы вчера ходили в библиотеку?

_____

_____

9. Что вы там делали?

_____

_____

10. Куда ещё вы ходили вчера?

_____

_____

05-24. День в летнем лагере. You have seen typical school and university schedules. But what about the summer? Here's the daily routine for a Russian summer camp. You'll be able to figure out most of the new words from context. But you'll also need these new words:

встре́ча — meeting, gathering
кружо́к — (extra-curricular) club
ла́герь — camp
све́жий во́здух — fresh air
согла́сно … усло́виям — depending on conditions

Вы знаете новые слова. Теперь ответьте на вопросы.

1. Когда дети встают в этом лагере?   де́ти – children
2. Когда завтракают?
3. Куда дети идут утром, после 9:30?
4. Когда у детей свободное время?   вре́мя (*оно*) – time
5. Когда они обедают?
6. Что делают дети после обеда?
7. Они могут пойти на пляж вечером?
8. В какую погоду дети не могут играть на пляже?
9. Что делают в восемь часов вечера?
10. Когда «второй» ужин?

11. Когда дети ложатся спать?

Распорядок дня с мая по август

7:30 – 8:15	Подъём, утренние гигиенические процедуры, утренняя гимнастика
8:15 – 8:45	Завтрак
8:45 – 9:15	Настольные игры
9:30 – 11:30	Пляж (согласно погодным условиям)
11:30 – 12:30	Общелагерные мероприятия, занятия в кружках, бассейн, свободное время
13:00 – 14:00	Обед
13:15 – 16:00	Дневной отдых
16:15 – 16:45	Полдник
16:45 – 19:00	Общелагерные мероприятия, занятия в кружках, бассейн, свободное время
17:00 – 19:00	Пляж (согласно погодным условиям)
19:00 – 19:30	Ужин
19:30 – 20:00	Настольные игры
20:00 – 21:30	Общелагерные дела, встречи на свежем воздухе
21:30 – 22:00	Второй ужин
22:00 – 22:30	Гигиенические процедуры
22:30 – 7:30	Отбой

Новые слова в контексте. You can figure out a lot of words from context.

rising, reveille _____

procedure _____

sleeping time _____

beach _____

board games _____

afternoon snack _____

Как сказать? Now mine the passage for ways to recombine words to say the following. Pay attention to the grammar.

in the fresh air (not **в**!)   _____

on the beach   _____

morning (*soft adjective!*) meetings _____

our time (*neuter!*)   _____

5-25.   Диктант: Интервью. Listen to the recording of an interview with an American student studying in Russia. Write down the interviewee's responses.

05-26. А как вы скажете…? Can you say everything listed here? Is there anything beyond the Russian that you have covered.

1.   You're free Monday, right?
2.   Depends on when. I'm booked all morning.
3.   What about in the afternoon, at... 2:00?
4.   Sorry. I've got European History... from 2:00 to 3:30.
5.   Do you have that on Friday too?
6.   Yep, students actually go to class on Friday. So do I.
7.   Okay. When's good?
8.   I'm looking at my calendar. What are you up to over the weekend?
9.   I'm free. It's just... I should study maybe an hour or two. We have a test on Monday. And I just don't get trig. (*That's* **тригономе́трия.**)

Видео

05-27. Новые слова. Read the vocabulary list before watching the video.

возвраща́ться (возвраща́юсь) — to return
встреча́ться с друзья́ми — to meet with friends
гра́фик — (work) schedule: **У меня́ свобо́дный гра́фик.**
зака́нчиваю — I finish up
лёгкий — **нетру́дный**
нахо́дится — is located
начина́ется — begins
отлича́ется — differs
приме́рно — approximately
продолжа́ю — I continue
собира́юсь — I get ready
умыва́ться — to wash up
эфи́р — airtime, broadcast: **в прямо́м эфи́ре** — on the air live

05-28. Саша Кудряшова. Какой у Саши распорядок дня? Select the correct response to complete each sentence.

1. Саша встаёт в
   - 6 часов
   - 7 часов
   - 8 часов

2. В 3 часа Саша...
   - обедает
   - смотрит телевизор
   - идёт на занятия

3. Вечером Саша...
   - пишет email'ы
   - смотрит телевизор
   - ужинает

4. Саша ложится в

    ○ 10 часов

    ○ 11 часов

    ○ 12 часов

5. Какие курсы самые трудные для Саши?

    ☐ английская грамматика

    ☐ история России

    ☐ психология

    ☐ педагогика

    ☐ разговорный английский

05-29. Матвей Юрьевич Ганапольский is a well-known journalist. Find out about his day.

1. В какие дни Матвей Юрьевич в эфире?   on the air
2. Как долго идёт его программа в прямом эфире каждый день?
3. Что любит делать Матвей Юрьевич вечером в выходные дни?   **выходно́й** — day off
4. О каких вещах Матвей Юрьевич любит говорить со своими друзьями?

05-30. Алина. Алина учится в Российской экономической академии имени Плеханова. Что ещё мы узнали о ней? Check all activities that apply.

1. Что делает Алина утром?

    ☐ Встаёт.

    ☐ Завтракает.

    ☐ Умывается.

    ☐ Идёт на работу.

    ☐ Едет на занятия.

2. Что делает Алина вечером?

   ☐ Делает уроки и идёт гулять.

   ☐ Идёт на дополнительные уроки.

   ☐ Делает уроки и идёт на работу.

   ☐ Занимается спортом.

05-31. Ирина и Люся. Find out what you can about this mother and daughter. Check all that apply.

1. What is true of Irina's work schedule?

   ☐ She works part-time.

   ☐ She works the graveyard shift.

   ☐ She has flex time.

   ☐ She works summers.

2. What explains her work situation?

   ☐ Her company prizes her.

   ☐ Her company pushes family values.

   ☐ Her company rents space in her apartment building.

   ☐ Her company rents space in her daughter's school building.

3. Name all the after-school activities that Lusia talks about.

   ☐ guitar practice

   ☐ extra Russian classes

   ☐ extra history classes

   ☐ sports

   ☐ reading

   ☐ drama

05-32. В половине... Half past... This video contains some "half past" constructions. But in Russian, "half past" is expressed as "halfway to..." *the next hour*. Look at the following examples, then answer the questions that follow.

в половине первого (also **полпервого**) — "halfway to one" — 12:30
в половине второго (**полвторого**) — "halfway to two" — 1:30
в половине третьего (**полтретьего**) — "halfway to three" — 2:30
в половине восьмого (**полвосьмого**) — "halfway to eight" — 7:30
в половине девятого (**полдевятого**) — "halfway to nine" _ 8:30

1. Надежда Гущенко встаёт...
   - ○ **5**:30 (в половине шестого)
   - ○ **6**:30 (в половине седьмого)
   - ○ **7**:30 (в половине восьмого)
   - ○ **8**:30 (в половине девятого)
   - ○ **9**:30 (в половине десятого)

2. Люся встаёт...
   - ○ **5**:30 (в половине шестого)
   - ○ **6**:30 (в половине седьмого)
   - ○ **7**:30 (в половине восьмого)
   - ○ **8**:30 (в половине девятого)
   - ○ **9**:30 (в половине десятого)

3. У Люси школа начинается...
   - ○ **6**:30 (в половине седьмого)
   - ○ **7**:30 (в половине восьмого)
   - ○ **8**:30 (в половине девятого)
   - ○ **9**:30 (в половине десятого)
   - ○ **10**:30 (в половине одиннадцатого)

4. Люся возвращается домой...
   - ○ **1**:30 (в половине второго)
   - ○ **2**:30 (в половине третьего)
   - ○ **3**:30 (в половине четвёртого)
   - ○ **4**:30 (в половине пятого)
   - ○ **5**:30 (в половине шестого)

УРОК 6
ДОМ, КВАРТИРА, ОБЩЕЖИТИЕ

🎧 Устные упражнения

Do each short exercise several times. You will know you have active control of the forms when you can supply the correct answers without hesitation.

Oral Drill 1 (New vocabulary: parts of the house, and review of prepositional case) Say that Mom is now in the rooms named. Pay attention to the choice between **в** and **на.** Remember that some rooms are adjectives.

Образец:

Где ма́ма? (ку́хня) ⟹ Ма́ма сейча́с на ку́хне.

Продолжайте!

Где ма́ма?

спа́льня, ва́нная, гости́ная, столо́вая, больша́я ко́мната, ма́ленькая ко́мната, общежи́тие, восьмо́й эта́ж

Oral Drill 2 (New vocabulary: rooms and furnishings) When asked if you saw something, respond that you have the exact same item!

Образец:

— Ты ви́дел но́вый дива́н? ⟹ — У нас тако́й же дива́н!

Продолжайте!

Ты ви́дел...

на́шу гости́ную?

маленький крова́ть?

пи́сьменный стол?

но́вый компью́тер?

мой бе́лые кре́сла?

наш большо́й шкаф?

э́тот ковёр?

мой коре́йский холоди́льник?

на́шу да́чу?

э́ту ико́ну?

на́шу столо́вую?

Oral Drill 3 (1. Хотéть) Say that the following people want to look at the photographs.

Образец:

Ивáн ⟹ Ивáн хóчет посмотрéть фотогрáфии.

мы ⟹ Мы хотúм посмотрéть фотогрáфии.

Продолжáйте!

я, ты, родúтели, сестрá, Мáша и Вéра, нáша сосéдка, вы

Oral Drill 4 (2. Verbs of position: стоя́ть, висéть, лежáть) Use the appropriate verb, to answer the questions.

В э́той кóмнате есть икóны?

Да, в э́той кóмнате вися́т икóны.

В э́той кóмнате есть телевúзор?

Да, в э́той кóмнате стоúт телевúзор.

Образец:

В э́той кóмнате есть...?

Продолжáйте!

кровáть, плéйер, икóна, фотогрáфии, большúе лáмпы, (на полý) ковры́, (на стенé) ковёр, шкаф

Oral Drill 5 (3. Genitive pronouns) Ask whether the following people have a car. (The presence of **есть** indicates that the speaker is interested in whether or not the car exists.)

Образец:

ты ⟹ У тебя́ есть машúна?

он ⟹ У негó есть машúна?

Продолжáйте!

вы, онá, кто, онú, ты, он

Oral Drill 6 (3. Genitive pronouns) Say that the following people have a cozy apartment. (The absence of **есть** indicates that the speaker is focusing on the coziness of the apartment rather than on the apartment itself.)

Образец:

онú ⟹ У них ую́тная квартúра.

мы ⟹ У нас ую́тная квартúра.

Продолжáйте!

я, он, вы, онú, онá, ты, мы

Oral Drill 7 (3. Genitive singular nouns and modifiers) Ask if the person in question has this object.

Образец:

Ви́ктор (кре́сло)   ⟹   У Ви́ктора есть кре́сло?

Продолжа́йте!

Ве́ра (дива́н), Ва́ля (крова́ть), Вале́рий Петро́вич (шкаф), наш преподава́тель (пи́сьменный стол), твоя́ мать (кра́сный ковёр), твой оте́ц (но́вый компью́тер), брат и сестра́ (ру́сские кни́ги), но́вый друг (краси́вые фотогра́фии), твой сосе́д по ко́мнате (хоро́ший слова́рь), ва́ша сосе́дка по ко́мнате (зелёная ла́мпа)

Oral Drill 8 (5. Nonexistence: нет) You have an unfurnished apartment to rent. Tell prospective tenants that it does not have the things they ask about.

Образец:

— Есть дива́н?   ⟹   — Нет, нет дива́на.

Продолжа́йте!

Есть...?

интерне́т, ма́ленькая ла́мпа, кре́сло, большо́й шкаф, крова́ть, холоди́льник, пи́сьменный стол, плита́, ковёр

Oral Drill 9 (5. Nonexistence, not having) Say that you don't have whatever is asked about.

Образец:

— У вас есть больша́я крова́ть?
— Нет, у меня́ нет большо́й крова́ти.

Продолжа́йте!

У вас есть цветна́я фотогра́фия?

У вас есть большо́й шкаф?

У вас есть краси́вое кре́сло?

У вас есть тако́й ковёр?

У вас есть така́я крова́ть?

У вас есть тако́й холоди́льник?

У вас есть большо́е окно́?

Oral Drill 10 (5. Absence) Using genitive pronouns, say that the items asked about are not here.

Образец:

Где си́нее кре́сло? ⟹ Его́ здесь нет.

Продолжа́йте!

Где моё письмо́?

Где зелёный ковёр?

Где наши ко́шки?

Где твоя́ соба́ка?

Где моё пла́тье?

Где горя́чая вода́?

Где ма́ленькое кре́сло?

Где жёлтый дом?

Где моя́ но́вая крова́ть?

пла́тье

Oral Drill 11 (4. and 5. Having and not having) Contradict the speaker, saying that the people being talked about do indeed have the items in question.

Образец:

— У Ви́ктора нет но́вого до́ма.

— Нет, у него́ есть но́вый дом.

Продолжа́йте!

У Алекса́ндра нет но́вого ковра́.

У Ма́ши нет си́него дива́на.

У Анны нет бе́лой ла́мпы.

У ма́тери нет э́той кни́ги.

У сестры́ нет кра́сного кре́сла.

У Бо́ри нет большо́й кварти́ры.

У Анто́на нет ую́тной спа́льни.

У Ви́ктора нет хоро́шего до́ма.

У до́чери нет жёлтого пиджака́.

пиджа́к

Oral Drill 12 (4. and 5. Having and not having) Using the appropriate pronoun, answer that you have the object in question.

Образец:

— У вас нет шка́фа? ⟹ — Нет, есть. Вот он.

Продолжа́йте!

У вас нет телеви́зора?

У вас нет кре́сла?

У вас нет фотогра́фии?

У вас нет окна́?

У вас нет ку́хни?

У вас нет гаража́?

У вас нет плиты́?

У вас нет ико́ны?

У вас нет ла́мпы?

У вас нет пи́сьменного стола́?

Oral Drill 13 (4. and 5. Presence, absence; interrogative pronouns) You didn't quite hear the statement. Ask a confirming question.

Образец:

— Мари́на здесь. ⟹ — Кто здесь?

— Мари́ны здесь нет. ⟹ — Кого́ здесь нет?

— Уче́бник здесь. ⟹ — Что здесь?

— Уче́бника здесь нет. ⟹ — Чего́ здесь нет?

Продолжа́йте!

Па́па здесь.

Ви́тя здесь.

Жёлтая кни́га здесь.

Ма́мы здесь нет.

Твоего́ бра́та здесь нет.

Большо́й крова́ти здесь нет.

Си́ний дом здесь.

Твоя́ сестра́ здесь.

Пла́тья здесь нет.

Твое́й ку́ртки здесь нет.

Роди́тели здесь.

Общежи́тие здесь.

Oral Drill 14 (6. Possession and "of") Combine the information given in two sentences into a more succinct message.

Образец:

— Это Макси́м. А э́то его́ кварти́ра. ⟹ — Это кварти́ра Макси́ма.

Продолжа́йте!

Это оте́ц. А э́то его́ да́ча.

Это мать. А э́то её ме́бель.

Это дочь. А э́то её ко́мната.

Это сын. А э́то его́ ико́ны.

Это брат. А э́то его́ холоди́льник.

Это сестра́. А э́то её дива́н.

Это Ма́ша. А э́то её маши́на.

Это Са́ша. А э́то его́ крова́ть.

Это Вале́ра. А э́то его́ стол.

Это На́дя. А э́то её ла́мпа.

Oral Drill 15 (7. Оди́н, одна́, одно́) When asked if you have something, say you have one of it.

Образец:
— У вас есть да́ча?   ⟹   — Да, у меня́ одна́ да́ча.

Продолжайте!
У вас есть крова́ть?
У вас есть дива́н?
У вас есть кварти́ра?
У вас есть окно́?
У вас есть ковёр?
У вас есть кре́сло?
У вас есть сосе́дка?
У вас есть сту́л?

Oral Drill 16 (7. Два vs. две + genitive singular noun) You're asked if you have one of something. Respond that you have two.

Образец:
— У вас одна́ кни́га?   ⟹   — Нет, две кни́ги.

Продолжайте!
У вас одна́ фотогра́фия?
У вас одна́ ко́мната?
У вас одна́ спа́льня?
У вас одна́ дверь?
У вас оди́н гара́ж?
У вас оди́н телеви́зор?
У вас оди́н преподава́тель?
У вас одно́ окно́?
У вас одно́ кре́сло?

🎧 Числительные

06-01. Review of numbers. Write down the prices for the following large purchases. Each number is followed by a form of the word for thousand (**тысяча, тысячи, тысяч**).

1. компьютер _____

2. большой LED-телевизор _____

3. автомобиль «Лада» _____

4. дача _____

5. авиабилет экономкласса Москва — Нью-Йорк _____

6. двухкомнатная квартира _____

06-02. Телефонные номера. Напишите телефонные номера этих людей.

1. Дима _____	9. Маша _____
2 Михаил _____	10. Анна _____
3. Катя _____	11. Жанна _____
4. Яша _____	12. Сергей _____
5. Кира _____	13. Максим _____
6. Игорь _____	14. Соня _____
7. Лена _____	15. Александр _____
8. Ирина _____	16. Дмитрий _____

06-03. Ско́лько сто́ит жить в...? Need to rent an apartment in Russia? Location is everything. Here are some standard rents for major Russian cities.

1. Find out:
    *   Number of rooms
    *   Square meterage
    *   Rent

2. Find the approximate location of the apartment on an online map.

3. Check the Internet to see if the information given here is more or less typical for similar apartments in similar locations.

Ме́сто	Пла́та (рубли в ме́сяц)	Кол. комнат	м^2
Москва́ (центр)			
Москва́ (м «Ту́шино»)			
С. Петербу́рг (м Не́вский пр.)			
С. Петербу́рг (м Гражда́нский пр.)			
Владивосто́к (центр)			
Волгогра́д (университе́т)			

Script

В центре Москвы сдается квартира — две комнаты, 65 м^2. 250 т. рублей в месяц.

Москва. Одна комната. 38 м^2. До ст. метро Тушино 2,5 км, 28 т. рублей в месяц.

Санкт-Петербург, центр, м. Невский пр. 1 комната, 35 м^2, 35 т. рублей в месяц.

В Санкт-Петербурге в десяти минутах от станции метро Гражданский пр. сдается однокомнатная квартира, 32 м^2 15 т. рублей в месяц.

В центре г. Владивостока сдается квартира, 2 комнаты, 52 м^2, 18 т. в месяц.

Город Волгоград. Советский район. До университета меньше километра. Две комнаты, 55 м^2, 13 000 в месяц.

🎧 Фонетика и интонация

06-04. Listen to the following information about IC-5.

Intonation contour IC-5 occurs in expressions of exclamation such as:

5 ⌢

Кака́я у вас кварти́ра!
What an apartment you have!

Compare this to IC-2 used in questions with a question word such as:

2 ╲ ────

Кака́я у вас кварти́ра?
Which apartment do you have?

06-05. Listen to each of the sentences below. Provide the appropriate punctuation, either an exclamation point or a question mark. Indicate which IC you heard: IC-2 or IC-5.

1. (IC-____) Кака́я да́ча_____
2. (IC-____) Како́й при́город_____
3. (IC-____) Како́й ста́рый ковёр_____
4. (IC-____) Кака́я ую́тная гости́ная_____
5. (IC-____) Како́й у вас холоди́льник_____
6. (IC-____) Каки́е у вас фотогра́фии_____
7. (IC-____) Кака́я у вас тради́ция_____
8. (IC-____) Каки́е краси́вые дома́_____
9. (IC-____) Како́й здесь телеви́зор_____
10. (IC-____) Како́й большо́й_____

06-06. Listen to these sentences again. Repeat the expressions in the previous exercises to yourself as accurately as you can.

1. Кака́я да́ча_____
2. Како́й при́город_____
3. Како́й ста́рый ковёр_____
4. Кака́я ую́тная гости́ная_____
5. Како́й у вас холоди́льник_____
6. Каки́е у вас фотогра́фии_____
7. Кака́я у вас тради́ция_____
8. Каки́е краси́вые дома́_____
9. Како́й здесь телеви́зор_____
10. Како́й большо́й_____

06-07. Ударение. Do you know how the following words are stressed? Mark the vowels you believe are stressed in the words in boldface. Then listen to the recording to see if you were correct.

1. Мы **дома**.
2. **Какие большие дома**!
3. Два **стола** и два **стула**.
4. В **доме** три **этажа**.
5. В комнате три окна.
6. Эти **окна маленькие**.
7. Я **встаю** рано утром.
8. **Завтракаю дома**.
9. **Работаю в городе**.
10. **Обедаю** в час.
11. Энн **смотрела новости**?
12. Сейчас **смотрит**.

Имя и фамилия _____

Письменные упражнения

06-08. (1. Хотеть) Какие у вас планы? Fill in the blanks in the following passage with the appropriate form of хотеть.

— Что вы [1] _____ делать сегодня вечером?

— Мы [2] _____ отдыхать. Я [3] _____

   писать e-mail'ы. Алла [4] _____ пойти в кино.

   Гриша и Вадим [5] _____ смотреть телевизор. А

   что ты [6] _____ делать?

— Я [7] _____ читать.

06-09. (2. Verbs of position) Fill in the blanks with the appropriate forms of the verbs **стоять, висеть,** and **лежать.**

1. Где _____ журналы и газеты?

2. Мои новые фотографии _____ на стене в спальне.

3. В нашей гостиной _____ зелёный диван.

4. На кухне _____ стулья и маленький стол.

5. Какой ковёр _____ у вас на полу?

6. Слева _____ часы, а рядом _____ старые иконы.

7. На столе _____ письма и документы.

8. В моей спальне _____ письменный стол, а на

   нём _____ голубая лампа.

06-10. (2. Vocabulary review: lying, standing, hanging) Fill in the blanks with **лежит/лежат, стоит/ стоят, or висит/висят**.

1. — У нас на стене _____ ковёр.

    — У меня такой же ковёр. Только он _____ на полу.

2. — В какой комнате у вас _____ телевизор?

    — Он _____ у нас в большой комнате.

3. Я вижу, что у вас _____ икона.

4. — Где _____ ваш паспорт?

    — Он _____ на столе.

5. Я вижу, что у вас в гостиной _____ красивое кресло.

06-11. (Review of adjective endings) Supply the endings.

1. У тебя син_____ или зелён_____ куртка?

2. В столовой стояли больш_____ коричневый стол и чёрн_____ стулья.

3. Я хочу красн_____ кресло, а моя сестра хочет син_____.

4. В его спальне лежит стар_____ голуб_____ ковёр.

5. У меня в кухне потолок бел_____, но стены жёлт_____.

6. На столе лежали русск_____ и американск_____ журналы, а

    рядом стояла син_____ лампа.

7. Мы живём в маленьк_____ квартире. В уютн_____ гостиной

    есть широк_____ диван и маленьк_____ телевизор на

    коричнев_____ столе.

8. На стенах висят красив_____ фотографии.

06-12. (3, 4. У + genitive pronouns; having) Make sentences out of the following strings of words. Be sure to provide appropriate punctuation.

Образец:
У / я / есть / телевизор. ⟹ У меня есть телевизор.

1. У / ты / есть / мобильный телефон.

    _____

2. У / мы / есть / дача / пригород.

    _____

3. Это Максим. У / он / есть / компьютер / «Дэлл».

    _____

4. Это Аня. У / она / есть / принтер.

    _____

5. Это Максим и Аня. У / они / есть / старые виниловые диски.

    _____

    _____

6. У / вы / есть / машина?

    _____

    _____

06-13. (Review of spelling rules for formation of genitive) Two of the three spelling rules play a role in genitive singular endings for nouns and modifiers. Review those rules here by filling in the blanks.

1. **7-letter spelling rule**
    After ___, ___, ___, ___, ___, ___, ___ do not write ____; write ____ instead.

2. **5-letter spelling rule**

    After ___, ___, ___, ___, ___, do not write___ if _____; write ____ instead.

06-14. (3. and 4. У + genitive of singular modifiers and nouns; having) Fill in the blanks with the appropriate forms of nouns and modifiers in genitive.

1. У [твой брат] _____ есть фотоаппарат?

2. У [моя мама] _____ очень большая гостиная.

3. У [наш преподаватель] _____

   есть новые интересные книги.

4. У [их дочь] _____ красивая квартира.

5. У [ваша соседка] _____ есть русские фильмы?

6. У [этот американец] _____ новая машина.

7. У [ваш сосед] _____ старый дом?

06-15. (3. and 4. У + genitive of singular modifiers and nouns; having) Combine words from the two columns below to write ten questions asking whether the following people have these things.

ваш сосед	дача
наш преподаватель	американский компьютер
американский президент	синий диван
президент России	красный ковёр
твой отец	коричневые стулья
ваша новая соседка	большой стол
её дочь	зелёная лампа
твоя мама	новый айпод
новый студент	хорошая комната в общежитии
мой друг	русские книги

Образец: У твоей мамы есть дача?

1. _____

2. _____

3. _____

4. _____

5. _____

6. _____

7. _____

8. _____

9. _____

10. _____

06-16. (5. Not having: нет + genitive) Answer the following questions in the negative. Write (5) after any endings affected by the 5-letter spelling rule and (7) after endings affected by the 7-letter spelling rule.

Образец:
У Сони есть хорошая книга? ⟹ Нет, у неё нет хорошей (5) книги (7).

1. У Максима есть быстрый интернет?

_____

2. У Жени на даче есть горячая вода?

_____

3. У Кати есть чёрное платье?

_____

4. У Кирилла есть русский словарь?

_____

5. У Маши есть красный диван?

_____

6. У сестры есть белая блузка?

_____

7. У соседки есть синее кресло?

_____

8. У соседа есть хорошая машина?

_____

06-17. (4. and 5. Having and not having—personalized) Answer the questions (truthfully!) with a full sentence.

1. У вас есть большое окно?

_____

2. У вас есть красивый ковёр?

_____

3. У вас есть русская икона?

_____

4. У вас есть чёрное кресло?

_____

5. У вас есть дача?

_____

06-18. (4. and 5. Having and not having — У кого что есть?) Reread exercise 6-30 in the Textbook — the e-mail correspondence between Valya and Elena Anatolievna. Look at the list of items below and write a paragraph of eight full sentences on what Professor Paley and the Ramoses have or do not have. Compare and contrast the two apartments whenever possible, using conjunctions **и, а, но**, as well as **тоже** or **также**. You can also use the conjunction **потому что** to explain why there are things in one home that aren't in another. If one home or another has more than one of some item, indicate that with a plural form or a number.

Образец: У семьи Рамосов есть телевизор, но у профессора Пейли нет телевизора, потому что у него маленькая квартира. У Рамосов также есть DVD-плейер.

У кого...?	есть... / нет...	
У профессора Пейли... У (семьи) Рамосов...	спальня гостиная кабинет столовая подвал окно в подвале большой дом однокомнатная квартира	кресло диван письменный стол стол для пинг-понга шкаф ковёр белая стена типичный американский дом

_____

_____

_____

_____

_____

_____

_____

_____

06-19. (4. and 5. Having and not having) Translate into Russian.

1. "Does Katya have American books?" "No, she does not."

_____

_____

2. Viktor does not have a brother.

_____

3. "Does her mother have a big house?" "No, she has a very small house."

_____

_____

06-20. (6. Possession and "of") Make grammatically correct sentences out of the following strings of words. Do not change word order. When you are done, you will have a short text about Andrei and Anna's new apartment.

1. У / Андрей / и / Анна / новый / квартира. Вот / фотография / их / новый / квартира.
2. Это / их / большой / комната. Здесь / синий / кресло, / диван / и / стол. У / они / есть / большой /телевизор.
3. Это / комната / Андрей / и / Анна. А вот / комната / их / дочь. У / она / компьютер / стоит / на /маленький / стол.

_____

_____

_____

_____

_____

_____

06-21. (6. Possession and "of") Translate the following short passage into Russian. This connected passage has been divided into individual sentences.

1. This is our family's apartment.
2. Here is grandmother's room. The walls of the room are white.
3. On the table is a picture of her brother and sister.
4. There is nice furniture in my mother and father's room.

1. _____

2. _____

3. _____

4. _____

06-22. (7. Specifying quantity) Fill in the blanks by putting the words in brackets in appropriate forms.

1. У меня [два] _____ [сосед] _____ .

2. У Светы есть три [соседка] _____ .

3. В моей спальне [один] _____ [кровать] _____

   и [два] _____ [шкаф] _____ .

4. В доме три [этаж] _____ .

5. У Сергея четыре [кресло] _____ .

6. На столе лежало [один] _____ [письмо] _____ .

7. В этой квартире четыре [комната] _____ .

8. В гостиной [два] _____ [ковёр] _____ .

06-23. (7. Specifying quantity) Make ten meaningful, grammatically correct sentences by taking one word from each column. Put the words in the correct case. Do not change word order.

| у | мой
твой
наш
ваш
новый
старый
русский
американский | сосед
соседка
студент
студентка
преподаватель
мать
дочь
брат
сестра
бабушка Володи | один (одна,
одно)
два (две)
три
четыре | кровать
диван
стол
телевизор
кресло
шкаф
холодильник
ковёр
дверь
окно
стул |

1. _____

2. _____

3. _____

4. _____

5. _____

6. _____

7. _____

8. _____

9. _____

10. _____

06-24. (**8. У кого: at someone's place, and review of days of the week**) Petya spends every afternoon at a different friend's house. Indicate where he spends each day.

1. пн Булат   2. вт Жанна   3. ср Саша   4.чт Кирилл
5. пт Жамиля   6. сб Олег   7. вс Мария

Образец: В понедельник Петя у Виктора.

1. _____

2. _____

3. _____

4. _____

5. _____

6. _____

7. _____

06-25. А вы? Now write 3—5 sentences indicating where you spend different days. Remember to use **в** or **на** + the prepositional case for places, **у** + the genitive case for "at someone's place."

_____

_____

_____

_____

_____

_____

06-26. (Vocabulary review: adjectives of color) Fill in the blanks with the appropriate form of the adjective.

Что у меня в шкафу?

Здравствуйте! Меня зовут Елена Борисовна Максимова, и

я хочу рассказать вам, что у меня в шкафу. У меня есть

[1 — light blue] _____ джинсы. Кроме

того, у меня [2 — red] _____ платье и

[3 — green] _____ юбка. У моего мужа

[4 — old] _____ [5 — black]

_____ брюки и [6 — white]

_____ рубашка. У него есть также [7 —

yellow] _____ свитер. Мой муж спортсмен, и

поэтому у него есть [8 — good] _____ [9 —

new] _____ кроссовки. У него также есть

[10 — gray] _____ куртка.

06-27. (Review—personal inventory)

a. List five items that you have in your closet and five pieces of furniture you have in your house, apartment, or dorm room. Put an adjective next to each item.

В шкафу

1. _____
2. _____
3. _____
4. _____
5. _____

Дома

1. _____
2. _____
3. _____
4. _____
5. _____

b. Write a short paragraph entitled **Что у меня в шкафу?** or **Что у меня в квартире (в комнате, в доме)?**

_____

_____

_____

_____

_____

_____

06-28. Снять квартиру? You have received a job in Nizhny Novgorod (**Нижний Новгород**) and are looking to rent an apartment there. Search for options on the Internet. You can try two options:

- Yandex is a major search engine in Russia, so try **realty.yandex.ru**.
- In any search engine, type in: **снять квартиру в Нижнем Новгороде**.

In order to understand the prices, you'll first need to check the ruble to dollar exchange rate. In a search engine, type in **курс доллара к рублю**. (You'll learn **к** and its case ending in Unit 8.)

Write in the exchange rate you found here: _____.

You'll be working at the university, so you'll want to look closer to the center of town, **центр: в центре города, ближе к центру**.

For rent in Russian might appear several ways: **сдаю, сдам, сдаётся**.

Or *to offer*: **предлага́ть: предлага́ю, предлага́ется**.

Ско́лько ко́мнат?

Имя и фамилия _____

You have learned that rooms in apartments are all rooms that are not **кухня**, **ванная**, **туалет** and the entryway. Rooms in a Russian apartment are not measured by bedrooms, but by all rooms. So apartments are measured like this:

Однокóмнатная квартúра (однá кóмната)	Studio apartment (no separate bedroom)
Двухкóмнатная квартúра (две кóмнаты)	One-bedroom apartment
Трёхкóмнатная квартúра (три кóмнаты)	Two-bedroom apartment

Новые слова:

бытовóй — for everyday use; household: **бытовáя тéхника** — household appliances

гарнитýр, кухóнный гарнитýр — cabinetry

коммунáльные платежú — utilities

необходúмый — necessary; **вся необходимая мебель, техника** — all necessary furniture, appliances

пешкóм — by foot

плóщадь — area (in square meters: **квадрáтных метров, кв. м., м²**)

рáзвитый — developed

ремóнт — repair, renovations
  евроремóнт — with European-style appliances and electrical fixtures
  капитáльный ремóнт — major renovations

санýзел раздéльный / унифицúрованный — bathroom/toilet separate / together

снять квартúру — to rent an apartment

торгóвый центр — mall; shopping center

Какáя машúна?

Посудомóечная машúна (**мыть посýду** — to wash dishes) — dishwasher
Стирáльная машúна (**стирáть** — to do laundry) — washer, laundry machine

Fill in the following table with information about three apartments that you liked: the apartment itself, location (metro? center?), and price. Then provide more information in the following box.

Имя и фамилия _____

Квартира 1

Цена (рубли в месяц)	Площадь (Сколько квадратных метров, м² ?)	Адрес (улица, номер дома)	Какая станция метро?	На каком этаже?

1. Мебель:
2. Какой ремонт?
3. Парковка есть?
4. Еще плюсы?
5. Еще информация?

Квартира 2

Цена (рубли в месяц)	Площадь (Сколько квадратных метров, м² ?)	Адрес (улица, номер дома)	Какая станция метро?	На каком этаже?

6. Мебель:
7. Какой ремонт?
8. Парковка есть?
9. Еще плюсы?
10. Еще информация?

Квартира 3

Цена (рубли в месяц)	Площадь (Сколько квадратных метров, м² ?)	Адрес (улица, номер дома)	Какая станция метро?	На каком этаже?

11. Мебель:
12. Какой ремонт?
13. Парковка есть?
14. Еще плюсы?
15. Еще информация?

Now pick one of the available places and write a brief statement of what you like or don't like about the place. You can use the following phrases.

Я нашёл (нашла́) ме́сто недалеко́ от ста́нции метро́
_____.

I found a place not far from metro station _____. (The name of the station won't decline here.)

Я хочу́ снять э́ту кварти́ру (ко́мнату), потому́ что в ней есть...

Хорошо́, что там есть...

(Но) пло́хо, что нет....

Кварти́ра до́рого сто́ит: _____ рубле́й в ме́сяц. (А ско́лько э́то в до́лларах?)

Хорошо́, что кварти́ра не так до́рого сто́ит, то́лько _____ рубле́й в ме́сяц. (А ско́лько э́то в до́лларах?)

Be prepared to present your favorite apartment to the class! Show pictures, list points that attracted you to this apartment. Address minuses too. Then the class can vote on their favorite.

06-29. Но́вая ме́бель. The apartment you rented in Nizhny Novgorod still needs some furniture.

1. List at least ten items you would like to buy. Use at least one adjective with each item.

2. Do the same search for furniture in **Нижний Новгород** that you did for **Каза́нь** in exercise 6-29 of the textbook **(купить мебель в Казани)**. Write down the results of your comparison shopping here.

Что купить?	Магазин А	Магазин Б	Магазин В
Fold-out couch			
Dining table and chairs			
Computer desk			
Office chair			
Bedside table			
Floor lamp (**торше́р**)			

3. Assume that you have been able to purchase everything you wanted for the apartment. Create a social media post with pictures to show your new apartment to your friends. Describe the apartment in a few sentences.

4. **Новые слова.** What new words did you learn in this search? Write down five words and their English equivalents. Is there anything beyond the Russian that you have covered in your apartment and furniture searches?

06-30. Диктант. Write down the text you hear. You'll need to understand the punctuation as dictated: **то́чка** — *period*, **запята́я** — *comma*, and **но́вый абза́ц** — *new paragraph*. After you have written down the paragraph, check yourself: if you have access to Google Docs or some other app that takes dictation in Russian, read the paragraph back and see if it is properly transcribed. (Google Docs's Russian dictation understands the punctuation listed above. But automatic capitalization is absent.)

You will need two phrases with which you are less familiar:
для *чего* — for *something*, e.g. **для дива́на** — *for a sofa*
на нём — on it. **Нём** is the prepositional case of **он** and **оно**.

Катя студентка, учится на первом курсе в университете в Москве.
Её родители тоже живут и работают в этом городе.
У них хорошая квартира на втором этаже: три комнаты, большая кухня, ванная.
У Кати очень уютная спальня. На полу лежит белый ковёр, на стенах висят фотографии семьи.
У окна письменный стол, а на столе новый компьютер.
В гостиной два окна. Справа стоит красивый диван, а слева два кресла и маленький стол.
На стене висит большой телевизор.
Семья очень любит отдыхать в этой комнате.

Катя студентка, учится на первом курсе в университете в Волгограде.
Её родители тоже живут и работают в этом городе.
Семья живёт в маленькой, но уютной, квартире на втором этаже: три комнаты, правда, небольшие, кухня, ванная.

Давайте посмотрим, что есть у Кати в спальне. На полу лежит белый ковёр, на стенах висят фотографии семьи. Кровать стоит у стены, а письменный стол и компьютер на нём — у окна.

А гостиная? В этом доме гостиная и столовая — одна не очень большая комната. Для дивана места нет. В этой комнате только два кресла и стол. Но есть телевизор. Это смарт-ТВ. Вечером на нём смотрят сериалы или играют в компьютерные игры.

Семья очень любит отдыхать в этой комнате.

Видео

06-31. Новые слова. Read the following vocabulary in preparation for watching the video.

гарниту́р — furniture set

до́рого — it's expensive

ле́стница —staircase

наза́д (also **тому́ наза́д) —** ago: **де́сять лет (тому́) наза́д**

одногру́ппница — college classmate (*person in the same section or* **гру́ппа**)

перенести́ — to move *an object from one place to another*: **Сня́ли и**
    перенесли́ — we took it down and moved it

перее́хать — to move *from one residence to another*

по́лка — (book)shelf

понра́вилась — pleased; was appealing: **Кварти́ра нам понра́вилась** — The
    apartment appealed to us. *This is how Russian handles* liking. *You'll find
    out more in Unit 8.*

постро́ен — built. (*Any word with* **строй-,** **строи-,** *or* **строе-** *has to do with
    construction.*) **Дом был постро́ен до Револю́ции.** *Before* **which**
    revolution was the house constructed?

принадлежи́т — it belongs *to someone*

ремо́нт — repair(s)

снима́ть (снима́ю) *or* **арендова́ть (аренду́ю) кварти́ру** — to rent an
    apartment

у́мер, умерла́, у́мерли — died. *This past tense has no* **-л** *in the masculine
    form.*

цена́ — price; cost: **це́ны на электри́чество** — *the cost of what?*

шу́мный — noisy; **шум** — noise

06-32. Чле́ны семьи́. Family members are the topic of the next unit. But for right now, you'll need these members of a nuclear family:

parents	siblings	children	couple
отец — мать	**брат — сестра́**	**сын — дочь**	**муж — жена́**

06-33. Numbers as part of adjectives. Compound number prefixes (e. g. *two-story building* — двухэта́жный дом) are common. Read the following information in preparation for watching the video.

Compound number-adjectives are formed from the *genitive* case of the number plus an adjective. You have already seen some genitive forms of numbers. Here are some examples of how these words are put together.

Number	Genitive	Example of number adjective
одно	*Not used*	**однокóмнатная** кварти́ра
два	**двух**	**двухэта́жный** дом
три	**трёх**	**трёхкóмнатная** кварти́ра
четыре	**четырёх**	**четырёхка́ртриджный** при́нтер
пять	**пяти́, шести́, семи́**	**пятирублёвая** монéтка
десять	**восьми́, девяти́, десяти́**	

06-34. Кто где живёт? Match the people to their living situations.

Нáдя

Денѝс

Евгéния

Жéня

Валéрия

Надéжда

Артём

a.   Rents a suburban apartment with her sister.
b.   Lives with parents in a three-room Moscow apartment.
c.   Lives in a dorm with a classmate.
d.   Lives in a dorm for which a refrigerator was bought.
e.   Lives with parents in a four-room apartment.
f.   Rents an apartment with a friend close to school.
g.   Shares a two-room apartment with a friend.

06-35. Яросла́в — ремо́нт ста́рой кварти́ры. Which of the following statements are true?

☐ The original apartment was built over 100 years ago.

☐ The apartment was previously an office with an exercise room.

☐ The current residents want to remove the large living room mirror.

☐ Yaroslav wants to sell the apartment to his sister.

☐ The shelves are built into the staircase.

06-36. Как э́то сказа́ли? Watch the video to find out what words Yaroslav used to say the following:

Здесь _____ офис, и в сосе́дней _____... в сосе́дней

_____ здесь был спорти́вный _____ для
сотру́дников,

для · employees

who   just   = отдыхать   unwind   in the middle
кото́рые могли́ про́сто там отдохну́ть, размя́ться посреди́ _____.

hall
И вот э́то большо́е зе́ркало _____ в том за́ле, то́лько там. Когда́ мы

decided   throw out   just   we removed
де́лали _____, мы реши́ли его́ не выбра́сывать. Про́сто сня́ли и

switched
принесли́ его́ сюда́.

06-37. Больша́я кварти́ра.

1. Where is the apartment that Katya's family rented?

    ○ In the middle of downtown   ○ In a dense suburb

    ○ Near an office park   ○ Near the last metro stop

2. The landlord moved out of the apartment and decided to rent it after...

    ○ a death in the family.   ○ a rise in rental prices.

    ○ his daughter moved to Britain.   ○ major renovations.

3. What are the two reasons that the family wants to move?

    ☐ People use the streets outside for night-time drag-racing.

    ☐ The apartment is located between three expressways.

    ☐ The landlord made them pay for all the repairs.

    ☐ The place is too big and expensive for a small family.

    ☐ The windows open onto a dumpy parking structure.

06-38. Слу́шаем но́вые слова́. Find the utterances in the passage and mark the stressed syllables on the words in boldface.

          belongs   one (a certain)

1. Кварти́ра **принадлежи́т одному́** бизнесме́ну.

    left   < дочь   somewhere

    Он **уе́хал** и живёт со свое́й **до́черью** где́-то в Брита́нии.

    owners   begin   speed

2. **Владе́льцы** «Мустангов» **начина́ют** е́хать на бы́строй **ско́рости**.

    I myself

3. Я-то **могу́** спать, а па́па не **мо́жет**.

    hope   really   get a good night's sleep

4. Мы **наде́емся** найти́ ме́сто, где вот **действи́тельно** мо́жно **вы́спаться**.

06-39. Дача Сегáля. Что чемý соответствует? Write each of the words below under the picture that matches.

диван-кровать, камин, ночной столик, газовая плита, кухонный гарнитур, посуда, зеркало, мойка, решётка

06-40. Что вы узнáли о дáче Сегáлей? Fill in the blanks with what is said on the video. Write out numbers as digits, not words.

1. When did Mark Segal begin building his dacha? _____ years ago.

2. How big is Mark Segal's first-floor area? _____ square meters.

3. Who is Mark Segal's favorite artist?

   a. Renoir   b. Monet   c. Van Gogh

УРОК 7   СЕМЬЯ

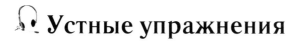 Устные упражнения

Oral Drill 1 (Vocabulary: family members; review of genitive after нет).
Respond that the people mentioned do not have the family members in the prompt.

Образец:

У Ма́ши есть сестра́?   ⟹   Нет, у Ма́ши нет сестры́.

Продолжайте!

У Бо́ри есть мла́дший брат?   У Ки́ры есть сын?

У Анто́на есть дя́дя?   У Са́ши есть де́ти?

У А́нны есть ба́бушка?   У Же́ни есть сво́дная сестра́?

Oral Drill 2 (Family vocabulary and irregular nominative plurals). When asked who works in a given place, pluralize the answer.

Образец:

Кто рабо́тает здесь? (сестра́) ⟹ Здесь рабо́тают на́ши сёстры.

Продолжайте!

брат, мать, дочь, сын, ребёнок, двою́родная сестра́, двою́родный брат, сво́дный брат

Oral Drill 3 (1. Роди́ли́сь, вы́росли). Ask the following people where they were born and grew up.

Образец:

❴ Анна

Анна, где ты родила́сь и вы́росла?

❴ Ни́на Никола́евна

Ни́на Никола́евна, где вы роди́ли́сь и вы́росли?

Продолжайте!

Бори́с, Ки́ра, Анна Петро́вна, Ма́ша, Ми́ша, Ма́ша и Ми́ша, Вади́м, Валенти́н Па́влович

Oral Drill 4 (2. Age and dative case of pronouns). After asking for the name, ask how old the person is.

Образец:

Как зову́т ва́шего отца́? ⟹ Ско́лько ему́ лет?
Как зову́т твоего́ дру́га? ⟹ Ско́лько ему́ лет?

Продолжа́йте!

Как зову́т...

твою́ сестру́, ва́шу тётю, твою́ ба́бушку, ма́му и па́пу, их племя́нницу, ва́шего де́душку, их дете́й, твою́ подру́гу, ва́шего племя́нника, его ма́чеху

Oral Drill 5 (3. Genitive plural: ending ➜ no ending, -ий from -ия, -ие). When asked if there is a certain building in a city, say that there are many.

Образец:

Здесь есть общежи́тие? ⟹ Да, здесь мно́го общежи́тий.

Продолжа́йте!

Здесь есть...

шко́ла? библиоте́ка? общежи́тие? аудито́рия? больни́ца? поликли́ника? лаборато́рия?

Oral Drill 6 (3. Genitive plural: ending ➜ no ending with fill vowel). Practice asking people how many of the following they have.

Образец:

сосе́дка ⟹ Ско́лько у вас сосе́док?
письмо́ ⟹ Ско́лько у вас пи́сем?

Продолжа́йте!

окно́, ба́бушка, ру́чка, руба́шка, студе́нтка, сестра́, су́мка, кре́сло

Oral Drill 7 (3. Genitive plural: ь ➜ -ей). When asked where someone or something is, respond that there are none of those where you are.

Образец:

Где преподава́тель? ⟹ Здесь нет преподава́телей.
Где секрета́рь? ⟹ Здесь нет секретаре́й.

Продолжа́йте!

Где...

библиоте́карь? писа́тель? учи́тель? строи́тель? слова́рь? крова́ть?

Oral Drill 8 (3. Genitive plural: after ж, ш, щ, and ч ➜ -ей). When asked if one of the following things is here, say that there are five of them.

Образец:

Здесь оди́н врач?   ⟹   Нет, здесь пять враче́й.

Здесь оди́н каранда́ш?   ⟹   Нет, здесь пять карандаше́й.

Продолжайте!

Здесь оди́н...?

гара́ж, врач, каранда́ш, эта́ж

Oral Drill 9 (3. Genitive plural: -ов/-ев). When asked where people are, say they're not here.

Образец:

Где бизнесме́ны?   ⟹   Здесь нет бизнесме́нов.

Где америка́нцы?   ⟹   Здесь нет америка́нцев.

Продолжайте!

Где...

архите́кторы? бухга́лтеры? журнали́сты? программи́сты? ме́неджеры? продавцы́? худо́жники? стомато́логи? строи́телей? профессора́? япо́нцы? францу́зы? кита́йцы?

Oral Drill 10 (3. Genitive plural: special cases and exceptions). Ask how many of the following people or things are here.

Образец:

роди́тели   ⟹   Ско́лько здесь роди́телей?

семья́   ⟹   Ско́лько здесь семе́й?

Продолжайте!

сын, брат, де́ти, роди́тели, друг, стул, пла́тье, сосе́д

Oral Drill 11 (3. Genitive plural of modifiers and nouns). When asked where certain people are, say that you do not know the whereabouts of the group.

Образец:

Где америка́нские студе́нты? ⟹ А здесь нет америка́нских студе́нтов.

Где неме́цкие врачи́? ⟹ А здесь нет неме́цких враче́й.

Продолжайте!

Где францу́зские ме́неджеры?   Где брази́льские журнали́сты?

Где кита́йские тури́сты?   Где ара́бские диплома́ты?

Где неме́цкие инжене́ры?   Где кана́дские спортсме́ны?

Где ру́сские преподава́тели?

Oral Drill 12 (4. Genitive plural with ско́лько). When you are told that various people have certain friends and relatives, ask how many.

Образец:

У Лёны есть бра́тья.   ⟹   Ско́лько у неё бра́тьев?

У Вади́ма есть друзья́.   ⟹   Ско́лько у него́ друзе́й?

Продолжайте!

У Ка́ти есть сыновья́.   У преподава́теля есть де́ти.

У Вади́ма есть до́чери.   У меня́ есть бра́тья.

У Ната́ши есть сёстры.

Oral Drill 13 (4. Genitive and age telling). Ask the ages of the following people.

Образец:

она́ — два   ⟹   Ей два го́да?

Продолжайте!

он — 14   они́ — 13

она́ — 21   ты — 6

вы — 63   она́ — 44

Oral Drill 14 (2. and 4. Age). Ско́лько им лет? The first person is twenty-one. Each person in the list is one year older than the previous one. Follow the pattern.

Образец:

Вот Ива́н.   ⟹   Ему́ два́дцать оди́н год.

Вот Людми́ла.   ⟹   Ей два́дцать два го́да.

Вот мои́ друзья́.   ⟹   Им два́дцать три го́да.

Продолжайте!

Вот...

Анна, мой брат, наш о́тчим, его́ тётя, её сосе́дки по ко́мнате, его́ сосе́д по ко́мнате, мой большо́й друг и я, мои́ друзья́, мои́ сво́дные бра́тья, Вале́рий Петро́вич

Oral Drill 15 (4. Numbers of brothers and sisters). State that the person has the number of brothers and sisters given in the prompt.

Образец:

⟳ — У Са́ши есть бра́тья и́ли сёстры? (два и ноль)
— У Са́ши два бра́та, но нет сестёр.

⟳ — У отца́ есть бра́тья и́ли сёстры? (оди́н и две)
— У отца́ оди́н брат и две сестры́.

Продолжайте!

У ма́мы... (два и две)   У отца́... (оди́н и две)
У вну́ка... (ноль и две)   У вну́чки... (два и две)
У Алёши... (три и ноль)   У дру́га... (оди́н и одна́)
У Ле́ны... (пять и ноль)   У Са́ши... (три и одна́)
У Ви́ти... (два и три)   У Со́ни... (ноль и четы́ре)
У Серёжи... (два и одна́)   У Тама́ры... (ноль и пять)

Oral Drill 16 (4. Number of children). Use the prompts to tell how many children there are in the families asked about.

Ско́лько дете́й в семье́ Ка́ти и Вади́ма? (два) ⟹ У них дво́е дете́й.
Продолжайте!
Ско́лько дете́й в семье́...?

... Ки́ры и Ди́мы (три)   ... Ма́ши и То́ли (пять)
... Яши и Со́ни (оди́н)   ... Анны и Са́ши (два)
... Та́ни и Ми́ши (четы́ре)

Oral Drill 17 (5. Comparing ages). You learn how old some new acquaintances are. State who is younger and by how many years.

Образец:

На́сте 18 лет. Поли́не 20 лет.   ⟹   На́стя моло́же Поли́ны на два го́да.
Ки́ре 17 лет. Поли́не 20 лет.   ⟹   Ки́ра моло́же Поли́ны на три го́да.
Продолжайте!
Ки́ре 17 лет. На́сте 18 лет.   Па́влу 14 лет. Мари́и 23 го́да.
Кири́ллу 19 лет. Поли́не 20 лет.   На́сте 18 лет. Поли́не 20 лет.
Ки́ре 17 лет. Кири́ллу 19 лет.   Ви́ктору 13 лет. Кири́ллу 19 лет.
Са́ше 15 лет. Мари́и 23 го́да.   Ла́ре 12 лет. Ви́ктору 13 лет.

Oral Drill 18 (5. Comparing ages). You learn how old some new acquaintances are. State who is older and by how many years.

Образец:

Любе 20 лет. Кире 17 лет. ⟹ Люба старше Киры на три года.

Насте 18 лет. Кире 17 лет. ⟹ Настя старше Киры на год.

Продолжайте!

Виктору 13 лет. Лоре 12 лет.   Виктору 13 лет. Его сестре 11 лет.

Любе 20 лет. Виктору 13 лет.   Марии 23 года. Лене 12 лет.

Кириллу 19 лет. Саше 15 лет.   Саше 15 лет. Павлу 14 лет.

Марии 23 года. Ларе 10 лет.   Мише 18 лет. Его сводной сестре 12 лет.

Любе 20 лет. Ларе 10 лет.

Oral Drill 19 (6. Accusative case of pronouns). Answer "yes" to the questions, replacing nouns with pronouns.

Вы знаете Машу? ⟹ Да, мы её знаем.

Вы читаете газету? ⟹ Да, мы её читаем.

Вы читаете газеты? ⟹ Да, мы их читаем.

Продолжайте!

Вы слушаете классическую музыку?   Вы любите джаз?

Вы знаете Максима?   Вы знаете нас?

Вы писали эти письма?   Вы знаете меня?

Вы любите русский язык?   Вы знаете моего отчима?

Вы любите музыку?   Вы знаете Ольгу и Ирину?

        Вы понимали эти тексты?

Oral Drill 20 (7. Зовут + accusative case). When your friends ask you the name of a close relative, respond "You mean, you don't know my brother's (sister's, mother's…) name?!"

Образец:

Это ваш брат? Как его зовут? ⟹ Вы не знаете, как зовут моего брата?

Продолжайте!

Это ваш дедушка? Как его зовут?

Это ваш старший брат? Как его зовут?

Это ваша младшая сестра? Как её зовут?

Это ваш отец? Как его зовут?

Это ваша племянница? Как её зовут?

Это ваша бабушка? Как её зовут?

Это ваш де́душка. Как его́ зову́т?

Это ва́ша ста́ршая дочь? Как её зову́т?

Это ва́ша мать? Как её зову́т?

Это ваш мла́дший сын? Как его́ зову́т?

Это ва́ша ма́чеха? Как её зовут?

Oral Drill 21 (8. Accusative case). Ask your friend if s/he knows your friends and relatives.

Образец:

мой друг   ⟹   Ты зна́ешь моего́ дру́га?

моя́ тётя   ⟹   Ты зна́ешь мою́ тётю?

Продолжайте!

мой оте́ц, моя́ ма́ма, мой но́вый друг, моя́ ста́ршая сестра́, мой мла́дший брат, мой двою́родный брат, моя́ сво́дная сестра́, мой па́па, моя́ ба́бушка, моя́ тётя, мой о́тчим, моя́ племя́нница, моя́ мать, моя́ ма́чеха, мой де́душка, мой дя́дя, мой племя́нник

🎧 Фонетика и интонация

07-01. IC-2 for emphasis. Up until now you have seen IC-2 in questions with a question word, imperatives, and in nouns of address:

Мэ́ри, скажи́, где живу́т твои́ роди́тели?

IC-2 is also used in place of IC-1 in normal declarative sentences to indicate emphasis.

IC-1 (No emphasis):

Твои́ роди́тели **не ста́рые.**

IC-2 (Emphasis on **не ста́рые**):

Твои́ роди́тели совсе́м не ста́рые.

At first you may perceive that IC-2 conveys more a feeling of anger than emphasis. However, for speakers of Russian IC-2 is not associated with anger or annoyance.

07-02. Select the words whose stressed syllable you think should have IC-2 intonation. If the sentence does not have any IC-2 intonation, cross out the sentence. Then listen to the recording to see if you were correct.

— **Ве́ра**, **кто** э́то? Твой **оте́ц**?
— **Что́** ты! Это мой **де́душка**!

1. — Жа́нна, кто это на фотогра́фии?
2. — Это мой де́душка.
3. — Но он совсе́м не ста́рый! Ско́лько ему́ лет?
4. — Ему́ се́мьдесят. А вот фотогра́фия ба́бушки.
5. — Ба́бушка то́же молода́я!
6. — Что ты! Ей то́же се́мьдесят!

07-03. Listen to the following sentences and determine which have normal declarative intonation (IC-1) and which are emphatic (IC-2). Mark the stressed word in each sentence with the appropriate intonation number and punctuate accordingly: a period for IC-1 sentences and an exclamation point for IC-2.

1	2
Это мой оте́ц.	Это мой *оте́ц* [а не брат]!

1. — У вас больша́я семья́_____ │ — А у нас ма́ленькая семья́_____
   — Нет_____ │ Что вы_____ │ У нас ма́ленькая семья́: │ дво́е детей_____

2. Оте́ц преподаёт матема́тику в университе́те_____
   Он та́кже преподаёт фи́зику_____

3. Ве́ра уже́ не у́чится в шко́ле_____ │ Она́ у́чится в университе́те_____

4. — Это на́ша ку́хня_____
   — У меня́ така́я же ку́хня_____

5. Вот наш дом_____ │ Это на́ша больша́я ко́мната_____ │ А э́то на́ша ма́ленькая ко́мната_____

07-04. Ударе́ние. Do you know how the following words are stressed? Mark the vowels you believe are stressed in the words in boldface. Then listen to the recording to see if you were correct.

1. На фотографии **мои** сёстры и их **мужья**.
2. **Дети вчера** были у **врача**.
3. Мать старше **отца на год**.
4. Папе **пятьдесят** два **года**.
5. А **бабушке семьдесят девять** лет.
6. **Мама работает**, а папа **отдыхает дома**.
7. В Китае **семьи** обычно **маленькие**.
8. В нашей **семье** нет **детей**.
9. Мы видели **большие города** как **Москва** и **Санкт-Петербург**.
10. Какие красивые **дома**!

Имя и фамилия _____

Письменные упражнения

07-05. **(1. Родился, вырос). Биография.** Fill in the blanks.

родился	родилась	родились
вырос	выросла	выросли

А. Мария Александровна [1] _____ в

Москве, а [2] _____ в Киеве. Её муж Сергей

Иванович [3] _____ в Ялте, а [4] _____ в

Санкт-Петербурге. Теперь они живут в Санкт-Петербурге, где

[5] _____ их дети.

Б. — Мария Александровна, где вы [6] _____?

— Я [7] _____ в Москве.

— И там [8] _____?

— Нет, я [9] _____ в Киеве.

07-06. **[1. Родился, вырос] Биография.** Now complete the following dialog
using your own information.

— Где ты [1] _____?

— Я [2] _____.

— И там [3] _____?

— [4] _____, я [5] _____.

— А твои родители, где [6] _____ и [7] _____?

— [8] _____

   [9] _____

07-07. (2. Dative case of pronouns; age). Fill in the blanks with the appropriate pronouns.

1. Это ваша бабушка? Сколько _____ лет?

2. Это ваш племянник? Сколько _____ лет?

3. Это ваш брат? Сколько _____ лет?

4. Это ваши сёстры? Сколько _____ лет?

5. Это ты? Сколько _____ лет?

6. Это вы? Сколько _____ лет?

7. Это ваши родители? Сколько _____ лет?

8. Это ваш отчим? Сколько _____ лет?

9. Это ты и сестра? Сколько _____ лет?

10. Это ваша дочь? Сколько _____ лет?

07-08. (3. Genitive plural). In preparation for an interview with a representative of the city council, prepare to ask how many of the following institutions there are in the town by completing the sentences. The first one is done for you. **Ско́лько** — *how many* — always takes genitive.

институт ⟹ *Сколько у вас институтов?*

1. библиотека: Сколько у вас _____?

2. гараж: Сколько у вас _____?

3. общежитие: Сколько у вас _____?

4. клиника: Сколько у вас _____?

5. музей: Сколько у вас _____?

6. ресторан: Сколько у вас _____?

7. больница: Сколько у вас _____?

8. IT-компания: Сколько у вас _____?

9. школа: Сколько у вас _____?

10. магазин: Сколько у вас _____?

Имя и фамилия _____

07-09. (3. Genitive plural). How would you ask whether the following people have the things in question?

новые студенты — книги   ⟹   У новых студентов есть книги?

1. американские туристы — документы

   _____

2. новые учительницы — хорошие идеи

   _____

3. эти русские студенты — учебники

   _____

4. немецкие врачи — визы

   _____

5. ваши друзья — новая мебель

   _____

6. его младшие братья — хобби

   _____

7. ваши старшие сёстры — работа

   _____

07-10. **(3. Genitive plural).** Write ten meaningful, grammatically correct sentences by combining one element from each of the columns below. Do not change word order, but do change the endings on the modifiers and nouns.

У	наши соседи мои сёстры твои братья наши родители американские студенты русские семьи молодые музыканты немецкие бизнесмены ваши друзья	есть нет	маленькие дети красивые дома сыновья и дочери интересные хобби новые общежития симпатичные друзья братья и сёстры большие квартиры синие платья

1. _____

2. _____

3. _____

4. _____

5. _____

6. _____

7. _____

8. _____

9. _____

10. _____

Имя и фамилия _____

07-11. (3. and 4. Number of people in the family). Вопросы о семье. Answer the questions in complete sentences, following the models. Write numbers out as words and replace names with pronouns.

Сколько детей у Василия Ивановича? (2) ⟹ У него двое детей.

Сколько братьев у Сони? (2) ⟹ У неё два брата.

1. Сколько сестёр у Кирилла? (2)

   _____

2. Сколько братьев у Марии? (4)

   _____

3. Сколько детей у Анны Фёдоровны? (4)

   _____

4. Сколько детей у Нади и Вадима? (1)

   _____

5. Сколько детей у Александра Павловича? (3)

   _____

07-12. (3. and 4. Number of people in the family). Вопросы о семье. Answer the following questions in complete sentences about yourself.

1. Сколько братьев и сестёр у вашего папы?

   _____

2. Сколько братьев и сестёр у вашей мамы?

   _____

3. Сколько у вас братьев и сестёр?

   _____

4. Сколько детей у ваших родителей?

   _____

5. Сколько у вас детей?

   _____

07-13. (3. and 4. Number of people in the family). Семья. Give the Russian equivalents of the following sentences.

1. "How many brothers and sisters do you have?"

_____

2. "I have two sisters and a brother."

_____

3. "How many children are there in your family?"

_____

4. "There are three children in our family: myself and two brothers."

_____

5. "Does Sasha have brothers and sisters?"

_____

6. "No, he doesn't have any brothers and sisters. He is an only child."

_____

07-14. (5. Comparing ages). Create grammatically correct sentences from the following strings of words. Do not change word order, but *do put the words in the needed case*. Write out numbers as words.

1. Витя / моложе / Таня / на / 3 / год

_____

2. Таня / старше / Кирилл / на / 6 / год

_____

3. Кирилл / старше / Лариса / на / 1 / год

_____

4. Лариса / моложе / Вадим / на / 2 / год

_____

Имя и фамилия _____

07-15. (5. Comparing ages). Write five sentences comparing the ages of various members of your family.

Образец: Мама на три года старше папы. *или* Мама старше папы на три года.

1. _____

2. _____

3. _____

4. _____

5. _____

07-16. (2.–7. Age and names). Диалоги. Translate into Russian the following dialogs. Supply information about yourself in the blanks in the first dialog. Write out any numbers. Use dashes, not quotation marks, to indicate dialog.

Разговор А

1. "What's your name?" (Use **ты.**)

_____

2. "My name is .... ."

_____

3. "How old are you?"

_____

4. "I'm .... years old.

_____

5. These are my friends. They're .... years old. Their names are .... and ..... "

_____

_____

_____

Имя и фамилия _____

Разговор Б

1. "What are your names?"

_____

2. "Our names are Zina and Kirill."

_____

3. "How old are you?"

_____

4. "We're twenty-one years old."

_____

07-17. (2.–7.). О семье. For each cue below, write a four-line dialog following the model. *Write out the numbers!*

младший брат — Саша, 10
— *Как зовут вашего младшего брата?*
— *Его зовут Саша.*
— *Сколько ему лет?*
— *Ему десять лет.*

старший брат — Володя, 19

сводная сестра — Лена, 23 ⚠ *Use accusative, not genitive!*

отец — Валерий Михайлович, 45

мать — Мария Петровна, 41   ⚠ *Use accusative, not genitive!*

бабушка — Лидия Максимовна, 68   ⚠ *Use accusative, not genitive!*

дедушка — Михаил Константинович, 72

07-18. (General review). Вопросы о себе. Answer these questions in complete sentences.

1. Как вас зовут?

_____

2. Кто вы по профессии?

_____

3. Где вы работаете?

_____

4. Где вы родились?

_____

5. Вы там выросли?

_____

6. Где живут ваши родители?

_____

7. Кто они по профессии?

_____

8. Где они работают?

_____

9. Сколько у вас братьев и сестёр?

_____

10. Как их зовут?

_____

11. Они работают или учатся? Где?

_____

Имя и фамилия _____

12. Сколько у вас детей?

_____

13. Как их зовут?

_____

14. Они учатся или работают? Где?

_____

07-19. (General review). Письмо. Fill in the blanks in the following message to a friend.

Дорогой Паша!

Спасибо за интересное письмо. Ты [1 — say] _____,

что ты хочешь знать больше [2 — about our family] _____.

У нас [3 — small] _____ семья: я, сестра,

отец и мать. [4 — Brothers] _____ у меня нет.

[5 — My father is named] _____

Пётр Дмитриевич. [6 — He is fifty-two years old] _____

_____. Ты, наверное, хочешь знать, [7 — what

he does for a living] _____.

Он врач, работает [8 — in a big hospital] _____.

Папа у меня очень [9 — serious] _____ и

думает только [10 — about work] _____. Я [11 — love

him a lot] _____.

Имя и фамилия _____

[12 — Mother is named] _____

Софья Петровна. Она [13 — was born] _____ и [grew up]

_____ [14 — in a small city] _____

[in Estonia] _____. Она инженер-химик, работает

[15 — in a new company] _____.

Сейчас немного [16 — about my sister] _____.

[17 — She's seventeen] _____,

и [18 — is in school — use verb, not школа] _____ в

[19 — tenth] _____ классе. Она очень хочет [20 — to

go to college — do not use the verb "go"] _____

_____. Сестра у меня очень [21 — bright] _____

и [22 — nice] _____.

В следующем письме я [23 — want] _____ рассказать

[24 — about our city] _____.

[25 — Yours] _____

рассказа́ть — to recount

Анна

07-20. (General review). Интервью. Half of the transcript of an interview has been lost. Reconstruct the interviewer's part.

1. — _____

— Меня зовут Кирилл Павлович.

2. — _____

— Мне сорок один год.

Имя и фамилия _____

3. — _____

   — Я бухгалтер.

4. — _____

   — Я работаю на большом заводе.

5. — _____

   — Я думаю, что это интересная работа.

6. — _____

   — У меня двое детей — сын и дочь.

7. — _____

   — Он учится в первом классе.

8. — _____

   — Она учится в пятом классе.

9. — _____

   — Да, они любят учиться.

10. — _____

   — Мою жену зовут Катя.

11. — _____

   — Ей тридцать пять лет.

12. — _____

   — Она работает в лаборатории.

13. — _____

   — Пожалуйста. До свидания.

07-21. Знаете ли вы как сказать? Can you say these things in Russian. Be prepared to abandon those things that are beyond your current capabilities.

1. My sister is majoring in political science and economics. She wants to become a diplomat.
2. My father works in a big construction company.
3. My mother is an engineer. She loves her job.
4. Do you have a photo of your family?
5. Are those your sisters? How old are they?

07-22. Выступление. Prepare a two-minute oral presentation on your family. Give it without looking at your notes.

07-23. Резюме. Using the résumés you found during your search in **Давáйте почитáем, 7-36** in the textbook, write a résumé for yourself or an acquaintance. Stay as close to the original as possible. Have your teacher help you with any specialized vocabulary.

07-24. О моей семье. You are studying in Russia next semester. Write your future Russian host family about your family. Give their names, ages, professions, where they live and work or study—as much information as you can. Remember, as always, to begin your message with **Дорогой/Дорогая/Дорогие...!** and to end it with **Ваш/Ваша** and your name.

07-25. Биография. Choose a public figure (actor, writer, politician) and look up his or her profile on a Russian site, such as **www.peoples.ru** or Russian Wikipedia, **http://ru.wikipedia.org/wiki/**. Get as much information as you can about that person's family and career.

a. Write a 10-sentence paragraph about this person, using only the Russian you know.

b. Prepare a presentation to give to the class. Rather than reading from your paragraph, use the slides to guide your presentation.

Видео

07-26. Новые слова

военнослужащий — soldier < **военный** — military < **война** — war

древний = очень старый, например, Дре́вняя Гре́ция, Дре́вний Еги́пет. But here the word is used jokingly.

за рубежо́м — abroad

зако́нчить (шко́лу, институт, университет) — to finish; here: to graduate

ма́стер спо́рта (plural: **мастера́**) — master athlete. *This is an official title of distinction, similar to "grandmaster" in chess.*

наро́дное хозя́йство = национа́льная эконо́мика

о́зеро — lake

отде́л прода́ж — sales department

педаго́г = учитель

погости́ть — to visit (< **гость** — guest)

прыжки́ на бату́те — jumping on a trampoline

разво́д — divorce: **в разво́де** — are divorced.

рос (a different form of **вы́рос**)

ры́жего цве́та — *literally,* of a ruddy color. **Ры́жий** is red, but only for hair and fur.

сдать кварти́ру — to put up an apartment for rent

се́льский — rural: **се́льская шко́ла**

сре́дний — middle (related to среда́ — Wednesday, the "middle" day). *But* **сре́дняя шко́ла** *is* high school, *not middle school.* (Soft-endings!)

супру́г = муж; супру́га = жена́

учи́лище — school, usually specialized or vocational. What kind of **учи́лище** is a **вое́нное учи́лище**?

худо́жественная гимна́стика — theatrical gymnastics

07-27. Незнако́мые национа́льности. In this video, we hear mention of some ethnicities that might be unfamiliar to you. To which areas do they belong?

каза́х, каза́шка _____

коре́ец, корея́нка _____

поля́к, по́лька _____

тата́рин, тата́рка _____

чече́нец, чече́нка _____

колумби́ец, колумби́йка _____

07-28. Marriage and marrying are grammatically complicated expressions. This will get you started, but it's not the entire story. Men and women have different expressions for marrying.

Women:
вы́йти за́муж — to get married; **вы́йдет замуж** — (she) will get married; **вы́шла за́муж** — (she) got married

за́мужем — (she is) married

у меня́ муж — Another way for a woman to say *I am married*.

Men:
жена́т — (he is) married

жени́ться — to get married; **же́нится** (he is, will be) getting married; **жени́лся** — he got married. (Getting married *to* somebody adds case problems, which will come later.)

07-29. Ещё раз про дома́шних живо́тных. Match the pets and their pictures:

соба́ка   **a.**

кот, ко́шка   **b.**

ры́бка   **c.**

кро́лик   **d.**

попуга́й   **e.**

07-30. В Не́вском институ́те. Nadezhda, Katya, Nadya, and Kristina all attend the Nevsky Language Institute. You have met them before. Name of the student described in each statement.

1. _____ : Еди́нственный ребёнок.
2. _____ : Мать врач.

Имя и фамилия _____

3. _____ : Мать работает в турбизнесе.

4. _____ : Младшей сестре 19 лет.

5. _____ : Родители в разводе.

6. _____ : Учится в одном институте с младшей сестрой.

07-31. Семьи в Казахстане.

Гульнар и её семья

1. Где работает Гульнар? _____

   _____

2. Гульнар работает с людьми многих национальностей. О каких

   национальностях она говорила? _____

   _____

3. Какое у Гульнар образование? _____

   _____

4. Когда она вышла замуж? _____

5. Кто муж по профессии? _____

6. Сколько детей в этой семье? _____

7. Как зовут племянницу и сколько ей лет? _____

8. Какие у племянницы домашние животные? _____

   _____

Ануар:

1. Почему Ануар говорит, что у него семья маленькая? _____

   _____

2. Сколько лет Ануару? _____

3. Кто мама по профессии? _____

4. Сколько лет маме? _____

5. Do you think the mother's students are ethnically Russian, Kazakh, or a mixed group? What led you to your conclusion?

07-32. Спорти́вная семья́. Which of the following statements does the video confirm?

The family redid their dacha into a single-family home.

Pavel and Lena were both born in Kiev.

Nearly all of Anton's acquaintances are German.

The grandfather, Viktor Pavlovich, was a coach.

07-33. Shortened о́тчества. Listen again as Lena introduces her family members. When she gets to her father-in-law, she says, **Ви́ктор Па́лыч, или про́сто Па́лыч**. Male отчества are often shortened, and occasionally that shortening is reflected in informal prose style:

Па́влович ⟶ Па́лыч

Ива́нович ⟶ Ива́ныч

What would you do for **Алекса́ндрович, Бори́сович**, and **Влади́мирович**?

As you know, the use of **и́мя-о́тчество** is a sign of deference. The dropping of the **и́мя (Па́лыч! Здра́вствуйте!)** lessens the formality while maintaining the respect. It occurs across generations in families as shown here and occasionally in the workplace.

07-34. Listening for dates. Russian dates have the format given in the example, taken from the grandfather's birth date:

date   month   decade year

_____th of _____ of the one thousand nine hundred ____ ____th year

The "19" part is **ты́сяча девятсо́т**.

Can you catch when Viktor Pavlovich was born?

We will do more with years in Unit 10.

УРОК 8   В МАГАЗИНЕ

🎧 Устные упражнения

Oral Drill 1 (1. Past tense of быть). When asked if various people have been to the store, say that they have.

Образец:

— Пётя был в магазине?   — Да, он там был.
— А Кáтя?   — Да, онá там былá.

Продолжайте!

вы, сестрá Вадúма, Вадúм, брáтья Вéры, Валéрия Николáевна, нóвые сосéди, мéнеджер

Oral Drill 2 (1. Past tense of быть). You are told someone or something was here. Imagine that you didn't hear what it was. Ask who (or what) was here.

Образец:

— Здесь былá шкóла.   ⟹   — Что здесь бы́ло?
— Здесь былá мáма.   ⟹   — Кто здесь был?

Продолжайте!

Здесь...

был пáпа, был свúтер, былá егó внýчка, бы́ли родúтели, бы́ли дéти, бы́ли брю́ки, был брат, бы́ли тýфли

Oral Drill 3 (2. Past tense of есть + был). When asked if you have certain things, say you used to have them.

Образец:

— У вас есть кнúги?   ⟹   — Нет, но у меня́ бы́ли кнúги.

Продолжайте!

У вас есть...?

машúна, дéньги, квартúра, большóе окнó, компью́тер, лáзерный прúнтер, дúски

Oral Drill 4 (2. Past tense of нет + нé было and review of genitive). Say the following things were not here.

Образец:

| новая машина | ⟹ | Здесь нé было нóвой машины. |
| хорóшие компьютеры | ⟹ | Здесь нé было хорóших компьютеров. |

Продолжайте!

большóе окнó

нóвая шкóла

уютные кóмнаты

наш телефóн

япóнские телевизоры

красивое плáтье

мáленькие общежития

красивая квартира

Oral Drill 5 (3. Ходил and éздил: went and returned). When asked if the people in question are going somewhere, say that they've already gone and come back.

Образец:

| Вáдик идёт в магазин? | ⟹ | Нет, он ужé ходил. |
| Родители éдут в Калифóрнию? | ⟹ | Нет, они ужé éздили. |

Продолжайте!

Жéня идёт в гипермáркет?

Ты éдешь в Россию?

Нáстя идёт в библиотéку?

Они éдут в Канáду?

Дéти идут в кинó?

Вы éдете в Петербýрг?

Мáма и пáпа идут на рынок?

Вы идёте в теáтр?

Её муж éдет на рабóту?

Oral Drill 6 (3. Пошёл, пошлá, пошли and поéхал, поéхала, поéхали: set out). When asked if the people in question are at a certain place, respond that they have in fact set out for the place mentioned.

Образец:

| — Вéра в кинотеáтре? | ⟹ | — Да, онá пошлá в кинотеáтр. |
| — Кáтя во Флóриде? | ⟹ | — Да, онá поéхала во Флóриду. |

Продолжайте!

Пéтя на рынке?

Сосéди в Англии?

Дéти в шкóле?

Валéрий в университéте?

Вáши сёстры в Бóстоне?

Сóня на занятиях?

Мáма и пáпа на рабóте?

Егó женá в Москвé?

Oral Drill 7 (3. Ходи́л vs. пошёл and е́здил vs. пое́хал). Answer yes to the questions. If asked whether Masha is somewhere else, answer that she has gone there (and not returned). If asked whether Masha was there, answer yes, that she went there and has come back.

Образцы:

— Где Ма́ша? На уро́ке?   ⟹ — Да, она́ пошла́ на уро́к.

— Где была́ Ма́ша? В кинотеа́тре? ⟹ — Да, она́ ходи́ла в кинотеа́тр.

— Где Ма́ша? В Росси́и?   ⟹ — Да, она́ пое́хала в Росси́ю.

— Где была́ Ма́ша? В Чика́го?   ⟹ — Да, она́ е́здила в Чика́го.

Продолжайте!

Где была́ Ма́ша? На заня́тиях?   Где была́ Ма́ша? В магази́не?

Где была́ Ма́ша? На Аля́ске?   Где была́ Ма́ша? В Ита́лии?

Где Ма́ша? На рабо́те?   Где Ма́ша? На стадио́не?

Где Ма́ша? В Теха́се?   Где Ма́ша? На заня́тиях?

Где Ма́ша? На конце́рте?

Oral Drill 8 (4. Forms of the dative). Ask how old the following people are.

Образец:

Вале́рий Петро́вич   ⟹   Ско́лько лет Вале́рию Петро́вичу?

Продолжайте!

на́ш сосе́д, Анна Влади́мировна, её до́чь, твой о́тчим, её сво́дные бра́тья и сёстры, э́тот ру́сский студе́нт, Бори́с Дми́триевич , их ба́бушка, но́вый секрета́рь, э́та америка́нская студе́нтка, ста́рый продаве́ц, ваш преподава́тель

Oral Drill 9 (5. Dative case for indirect objects, review of accusative case for direct objects). Tell what Kira gave to whom for **Но́вый год.**

Образец:

ма́ма — сви́тер   ⟹   Ки́ра подари́ла ма́ме сви́тер.

Продолжайте!

па́па — руба́шка, ма́чеха — но́вый детекти́в, ста́рший брат — га́лстук, мла́дший брат — кни́га, ста́ршая сестра́ — пла́тье, мла́дшая сестра́ — игру́шка

Oral Drill 10 (5. По + dative). Your friend asks you if you like a certain subject. Say in response that you do, and that you always read books on that subject.

Образец:

Ты лю́бишь иску́сство? ⟹ Да, и всегда́ чита́ю кни́ги по иску́сству.

Продолжайте!

Ты лю́бишь...

биоло́гию? му́зыку? хи́мию? лингви́стику? литерату́ру? иску́сство?

Oral Drill 11 (5. Ну́жно constructions). The people in question not only want to do something, they have to as well. Complete each sentence aloud, as in the model.

Образец:

Я хочу́ рабо́тать. . . ⟹ и мне ну́жно рабо́тать.

Продолжайте!

Ты хо́чешь рабо́тать... Он хо́чет занима́ться...

Мы хоти́м отдыха́ть... Они́ хотя́т говори́ть о поли́тике...

Она́ хо́чет посмотре́ть э́ти фи́льмы... Вы хоти́те де́лать фотогра́фии...

Я хочу́ купи́ть перча́тки...

Oral Drill 12 (5. На́до constructions). Say that the following people need to relax using **на́до +** dative case.

Образец:

э́тот ру́сский студе́нт ⟹ Э́тому ру́сскому студе́нту на́до отдыха́ть.

Продолжайте!

э́та но́вая студе́нтка, на́ша сестра́, Вале́рия, Вале́рий, Никола́й Алекса́ндрович, Ма́рья Васи́льевна, э́тот молодо́й челове́к, э́та у́мная де́вушка, на́ша но́вая сосе́дка, э́тот ста́рый продаве́ц, твой оте́ц, твоя́ мать, твои́ роди́тели

Oral Drill 13 (5. Тру́дно). Say that it is difficult for these people to do the following things.

Образец:

мой друг — изуча́ть кита́йский язы́к
Моему́ дру́гу тру́дно изуча́ть кита́йский язы́к.

Продолжайте!

наш брат — понима́ть по-неме́цки

ва́ша племя́нница — чита́ть э́ти кни́ги

я — посове́товать, что купи́ть

ба́бушка — убира́ть дом

они́ — отвеча́ть на заня́тии

ста́ршая сестра́ — рабо́тать и учи́ться

Серге́й и Верони́ка — говори́ть по-япо́нски

Oral Drill 14 (6. Нра́виться). Say that you like the following things. The difference in pronunciation between **нра́вится** and **нра́вятся** is so slight that you may not hear it. Remember to make **э́тот, э́та, э́то,** or **э́ти** agree with the following noun.

Образец:

фильм $\Longrightarrow$ Мне нра́вится э́тот фильм.

фи́льмы $\Longrightarrow$ Мне нра́вятся э́ти фи́льмы.

Продолжайте!

кни́га, кни́ги, журна́л, журна́лы, газе́та, газе́ты, му́зыка, кинотеа́тр, музе́и

Oral Drill 15 (6. Нра́виться + dative pronouns). Say that the following people like the novel *Anna Karenina.* If necessary, review the dative pronouns before completing this exercise.

Образец:

Анто́ну нра́вится рома́н «Анна Каре́нина»? $\Longrightarrow$ Да, он ему́ нра́вится.

Вам нра́вится рома́н «Анна Каре́нина»? $\Longrightarrow$ Да, он нам нра́вится.

Продолжайте!

Ната́ше..., Ка́те и Шу́ре..., Тебе́..., Ива́ну..., , Вам..., Ма́тери..., Ми́ше и Та́не...

Oral Drill 16 (6. Нра́виться and люби́ть). When asked if someone likes something, say the person likes all of that thing.

Образец:

Вам нра́вится э́тот фильм? $\Longrightarrow$ Я люблю́ все фи́льмы.

Ви́ктору нра́вится но́вая кни́га? $\Longrightarrow$ Он лю́бит все кни́ги.

Продолжайте!

Анне нра́вится э́тот журна́л?

Вам нра́вится его́ но́вый диск?

Джо́ну нра́вится э́та ру́сская газе́та?

Ка́те нра́вится но́вый рома́н люби́мого писа́теля?

Ва́шей ма́тери нра́вится альбо́м э́того худо́жника?

🎧 Фонетика и интонация

08-01. Soft consonants [д], [т], [л] and [н]. Most Russian consonant letters can be pronounced *hard* (nonpalatalized) or *soft* (palatalized). In the written language one can tell whether a consonant is hard or soft by looking at the *following* letter, as shown below:

Ø	а	э	о	у	ы	indicate that the *preceding* consonant is *hard*
ь	я	е	ё	ю	и	indicate that the *preceding* consonant is *soft*

The underlined consonants in the following words are soft:

хоте̲ли пя̲ть где̲ де̲нь зна̲ли рубле̲й недавно

Pronouncing a soft consonant is like saying the consonant and the [y] of *you* at the exact same time.

For [д] and [т], softness also results in some extra friction. This may sound to you like a barely audible sound similar to English [s] or [z]. Thus the first four words listed above may *sound* to you like:

хот ᵉели пять ˢ гд ᶻе д ᶻень

08-02. Soft [л] and [н]. Listen to these contrastive syllables.

Softness has a drastic effect on [л] and [н]. Hard Russian [л] and [н] differ only slightly from [l] and [n] of American English. But for soft [л] and [н], the tip of the tongue rests behind the *lower* teeth, while the blade, or flat surface, of the tongue is arched up against the palate (the roof of the mouth). This contortion has a noticeable effect not only on the soft [л] or [н] itself, but also on the preceding vowel.

Hard	Soft		Hard	Soft
1. та	тя		13. ла	ля
2. тэ	те		14. лэ	ле
3. ты	ти		15. лы	ли
4. то	тё		16. ло	лё
5. ту	тю		17. лу	лю
6. ат	ать		18. ал	аль
7. да	дя		19. на	ня
8. дэ	де		20. нэ	не
9. ды	ди		21. ны	ни
10. до	дё		22. но	нё
11. ду	дю		23. ну	ню
12. ад	адь		24. ан	ань

08-03. For each sentence below, add an apostrophe after each soft consonant. Then listen to the words on the recording and repeat as closely as possible, paying special attention to soft [д], [т], [л], and [н]. Remember that [е] reduces to a sound close to [и] when unstressed.

— Ми́ла, где у вас мо́жно купи́ть ту́фли?

— В универма́ге и́ли в магази́не «Обувь».

— Дава́й пойдём туда́ вме́сте.

— Хорошо́. Или пойдём в «Гости́ный двор». Там вы́бор неплохо́й.

08-04. Look at the text below taken from an announcement made over a store's public address system. As you listen to the recording, fill in the appropriate vowel in the blank within each numbered word: **и** after soft consonants, **ы** after hard consonants. Key words are glossed so that you can follow the gist of the announcement.

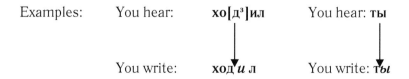

[1] Уважаем____е¹ [2] покупател____! На первом этаже нашего [3] магаз____на [4] откр____т² новый [5] детск____й отдел. В нём вы найдёте³ [6] широк____й⁴ [7] ассорт____мент [8] кн____г, игрушек и игр⁵, а также детские [9] принадлежност____⁶. В продаже⁷ сегодня — [10] видеодиск____ с [11] зап____сями [12] мультф____льмов⁸ Уолта [13] Д____снея: [14] «М____кки Маус», [15] «Аладд____н» и [16] «Ч____п и Дейл».

1. respected   2. is open   3. will find   4. wide   5. of games   6. items   7. available for sale
8. cartoons

08-05. Listen to the following syllables. Pay attention to the quality of the vowel immediately *preceding* the hard and soft consonants. Read the samples out loud to yourself, imitating the speakers as closely as possible.

1.	ат	ать		9.	ол	оль
2.	ет	еть		10.	ул	уль
3.	ыт	ыть		11.	ан	ань
4.	от	оть		12.	ен	ень
5.	ут	уть		13.	ын	ынь
6.	ал	аль		14.	он	онь
7.	ел	ель		15.	ун	унь
8.	ыл	ыль				

08-06. Add apostrophes after every soft consonant in the italicized words.

— *Коля, Сеня! Где* вы *были?*

— Мы *ходили* в «Дом *книги».*

— Мне *сказали,* что там *открыли* новый отдел.

— *Открыли. Только* мы ничего не *купили. Мы хотели купить Пете*
книги на *день рождения.*

— Ну и что?

— Я *забыл кошелёк и телефон дома.*

08-07. IC-3 and pauses

Most longer sentences are broken up into breath groups. Each breath group has its own intonation contour.
Listen to the breath groups in the following sentences.

Я неда́вно была́ в «До́ме кни́ги», | но ничего́ интере́сного там не уви́дела.

Мне сказа́ли, | что там интере́сные ве́щи.

Понима́ешь, | на днях моя́ сосе́дка по ко́мнате | там купи́ла Замя́тина.

The nonfinal breath groups in each sentence are marked by IC-3, the same intonation found in yes-no questions. The final breath group is marked by IC-1, the intonation characteristic of simple declarative sentences.

Now listen to the following sentences:

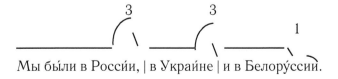

Мы бы́ли в Росси́и, | в Украи́не | и в Белору́ссии.

Мы хоте́ли купи́ть руба́шку, | брю́ки, | перча́тки | и ту́фли.

As you can see, each item in a series forms its own breath group marked by IC-3. The final item of the series is marked by IC-1.

In short, Russians often use IC-3 on non-final breath groups before a pause. IC-1 is used on the final breath group at the end of the sentence.

08-08. Listen to the utterances on the recording. Mark the break between breath groups in the italicized sentences with the number of the intonation contour.

3   1
У нас есть квартира, но нет машины.

— Петя, *я хочу сделать нашей соседке Маше подарок на день рождения.* Что ты мне посоветуешь ей купить?

— Может быть, книгу? *Ведь недалеко от нашего дома есть большой книжный магазин. Я был там только вчера и купил вот эти новые книги по искусству. Вот авангардисты, импрессионисты и абстракционисты.*

— Какие красивые книги!
— И очень дёшево стоили: *вот эта книга стоила девятьсот пятьдесят рублей, а эту я купил за восемьсот сорок.*

— Это совсем не дорого! *А кубисты были?*

— *Они были раньше, а теперь их уже нет.*

— Всё равно, *книга — идея хорошая.*

— *Если хочешь, мы можем пойти вместе завтра утром.*
— Давай.

08-09. Ударение. Do you know how the following words are stressed? Mark the vowels you believe are stressed in the words in boldface. Then listen to the recording to see if you were correct.

1. Я **советую подарить** альбом.

2. — Где у вас **платки?** — У нас **платков** нет.

3. — Как **платят** за **товары** онлайн?

   — Все сайты принимают **банковские** карты.

4. Мне нужно **купить носки** и **перчатки.**

5. В «Гостином **дворе**» всё **стоит дорого.**

6. Такие платья **стоят десять тысяч пятьсот рублей.**

7. Я читаю все **романы** этого **писателя.**

8. — Вы **сами смотрели** новые **товары.**

   — Нет **сама** я ничего не **смотрела.**

9. — Завтра мы **едем** в **торговый** центр.

   — Зачем? Мы **ездили** туда **вчера вечером.**

   > **зачём** – what for

10. Какие **вещи** вас интересуют? В этом магазине много интересных **вещей.**

Письменные упражнения

08-10. (1. Past tense of быть). Fill in the blanks with the appropriate past-tense form of **быть.**

1. — Где вы [1] _____ вчера?

— Мы [2] _____ на рынке.

— Кто ещё там [3] _____?

— Кирилл. И Марина тоже [4] _____.

2. — Когда ты [5] _____ в книжном магазине?

—Я там [6] _____ во вторник.

— Книги там [7] _____ дорогие?

— [8] _____ и дорогие, и дешёвые. Там [9] _____

одна очень интересная книга, которая стоила 835 рублей.

3. — Кто здесь [10] _____? — Здесь [11] _____ Маша.

4. — Кто [12] _____ в библиотеке? — В библиотеке [13]

_____ Борис.

5. — Что здесь [14] _____? — Здесь [15] _____ телефон.

6. — Что здесь [16] _____? — Здесь [17] _____ книги.

7. — Что здесь [18] _____? — Здесь [19] _____ окно.

8. — Кто здесь [20] _____? — Здесь [21] _____ наши родители.

08-11. (2. Past tense of есть and нет). The verbs have been left out of this questionnaire designed to determine whether people own the same things now that they owned last year (**в прошлом году**).

Имя и фамилия _____

Fill in the verbs missing from the questionnaire. In deciding whether to use **есть** or **нет,** check whether the noun is in the genitive case. In the past-tense forms, in which you need to choose from the appropriate form of **был** (if the item was there) or **не было** (if it wasn't), check whether the noun is in the genitive case.

Сейчас... (есть или нет)

В прошлом году... (был, была, было, были, не было)

1. у вас _____ компьютер?

2. у вас _____ принтер?

3. у вас _____ смартфон?

4. у вас _____ машины?

5. у вас _____ телевизора?

6. у вас _____ гитара?

7. у вас _____ русских романов?

8. у вас _____ хорошего словаря?

9. у вас _____ больших кресел?

10. у вас _____ квартира?

11. у вас _____ компьютер?

12. у вас _____ принтера?

13. у вас _____ шапка?

14. у вас _____ машина?

15. у вас _____ телевизор?

16. у вас _____ гитары?

17. у вас _____ романов Пелевина?

18. у вас _____ хороший словарь?

19. у вас _____ большие кресла?

20. у вас _____ квартира?

08-12. Answer the following questions in complete sentences.
Образец:

— У вас есть лампа?
— Да, у меня есть лампа.
— Нет, у меня нет лампы

1. У вас есть принтер?

_____

2. У вас есть смартфон

_____

Имя и фамилия _____

3. У вас есть новый рюкзак?

   _____

4. У вас есть кресло?

   _____

5. У вас есть гитара?

   _____

6. У вас есть рассказы Чехова?

   _____

08-13. (2. Past tense of есть and нет). Translate into Russian.

1. "Did you have any Russian computer games?" "No, I did not have Russian games; I had only American games."

   _____

   _____

2. My parents had nice furniture.

   _____

3. I did not have a big bedroom.

   _____

4. There was a small shopping mall there.

   _____

5. Did Zhenya [Женя] have a white dress?

   _____

6. Igor [Игорь] did not have brothers or sisters.

   _____

7. There were no restaurants on that street.

   _____

08-14. (3. Ходил vs. пошёл, review of accusative case). Answer the questions using the appropriate verb. Follow the word order in the example.

— Где была Мария? (лекция) ⟹ — Она ходила на лекцию.
— Где Максим? (дом) ⟹ — Он пошёл домой.

1. Где Оксана? (парк)

_____

2. Где Лена? (концерт)

_____

3. Где Джамбул? (библиотека)

_____

4. Где был Саша? (торговый центр)

_____

5. Где была Даша? (кино)

_____

6. Где Маша? (лаборатория)

_____

7. Где была мама? (работа)

_____

8. Где Кирилл? (книжный магазин)

_____

9. Где вы были? (университет)

_____

10. Где ты был(а)? (занятия)

_____

08-15. (**3. Ездил vs. поехал, review of accusative case**). Answer the questions, using the appropriate verb. Use the word order "X *went to* Y."

1. Где вы были? (Россия)

   _____

2. Где Женя? (магазин)

   _____

3. Где были твои сёстры? (Германия)

   _____

4. Где Ольга Сергеевна? (поликлиника)

   _____

5. Где твоя соседка? (Флорида)

   _____

6. Где был ваш профессор? (Украина)

   _____

7. Где были его родители? (Техас)

   _____

8. Где менеджер? (Сан-Франциско)

   _____

08-16. (**5. Dative for indirect objects, accusative for direct objects**). Write out what you gave the following people for New Year's (**на Новый год**). Use the table below as a guide, but feel free to add your own people and presents.

> младший брат Джон / книга по истории
> На Новый год я подарил(а) младшему брату Джону книгу по истории.

Имя и фамилия _____

Кому?	Что?
наши старые друзья	матрёшка
мой любимый преподаватель	книга по искусству
наш сосед Юрий Владимирович	синий пиджак и серые брюки
моя соседка Мария Александровна	красивое платье
тётя Клара и дядя Игорь	русская музыка
сводный брат	детектив любимого писателя
старшая сестра	американский сувенир
родители	зелёный платок
твоя бабушка	русская шапка
их старшая дочь Мила	новая книга американского писателя
её дочери Саша и Таня	карта Америки
русские студенты	игрушка
	последние версии видеоигр

1. _____

2. _____

3. _____

4. _____

5. _____

6. _____

7. _____

8. _____

9. _____

10. _____

08-17. (5. Dative with age). Сколько лет? Ask how old the following people and things are.

этот старый дом   ⟹   Сколько лет этому старому дому?

1. это маленькое общежитие

   _____

2. эти исторические здания

   _____

3. эта красивая мебель

   _____

4. этот торговый центр

   _____

5. его русско-английский словарь

   _____

6. Евгений Павлович

   _____

7. Виктория Олеговна

   _____

8. твои родители

   _____

9. Москва и Петербург

   _____

08-18. **(5. Dative with age). Возраст.** The descriptions of kids being introduced to a class in Moscow have had endings blotted out. Fill them in. *Write out all numbers!*

⟋ Ванесса, 8, её младшая сестра Карина, 7, Монреаль
Ванессе восемь лет, а её младшей сестре Карине семь лет. Они живут в Монреале.

1. Эрика, 7, её младший брат Питер, 5, Вашингтон

Эрик_____ [7] _____ _____, а её младш_____ брат_____

Питер_____ [5] _____ _____. Они живут в Вашингтон_____.

2. Джон, 6, его младшая сестра Анна, 5, Нью-Йорк

Джон_____ [6] _____ _____, а его младш_____ сестр_____

Анн_____ [5] _____ _____. Они живут в Нью-Йорк_____.

3. Джессика, 14, её старшая сестра Элла, 15, Лос-Анджелес

Джессик_____ [14] _____ _____, а её старш_____

сестр_____ Элл_____ [15] _____ _____. Они живут в

Лос-Анжелес_____.

4. Джером, 16, его старший брат Билл, 17, Хьюстон

Джером_____ [16] _____ _____, а его старш_____

брат_____ Билл_____ [17] _____ _____. Они живут в

Хьюстон_____.

08-19. (5. Dative for indirect objects). Translate into Russian.

1. "What present did you buy for your sister for New Year's?" "I bought her a blue blouse."

_____

_____

_____

2. Marina gave (as a gift) Bill a book about Russian cities, and he gave her a book about American presidents.

_____

_____

_____

3. Mom bought a pretty dress for Vera and a jacket for Viktor.

_____

_____

_____

4. Dad advised me to give grandma gloves.

_____

_____

_____

Имя и фамилия _____

08-20. **(5. По + dative). В книжном магазине.** Everybody bought books on their specialty. Fill in the blanks as in the example.

Архитекторы купили книги по *архитектуре.*

1.   Экономисты купили книги по _____.

2.   Музыканты купили книги по _____.

3.   Литературоведы купили книги по _____.

4.   Историки купили книги по _____.

5.   Искусствоведы купили книги по _____.

08-21. **(5. Dative with нужно, надо, and можно).** You have been asked to help a group of English-speaking tourists who want to go shopping tomorrow at a store in Moscow. In preparation, write down some of the expressions you will need, using **нужно, надо,** and **можно.** If you use **можно,** omit the dative doer of the action.

1.   Where can one buy women's clothing (**женская одежда**)?

_____

2.   Where can one buy men's clothing (**мужская одежда**)?

_____

3.   This American needs to buy a Russian-language textbook.

_____

4.   That Canadian (woman) needs to buy matryoshki.

_____

5.   They need to buy souvenirs and presents.

_____

Имя и фамилия _____

08-22. (5. Subjectless constructions). Make logical and grammatically correct sentences from the components provided. Be sure to add dative complements where necessary.

легко   надо   нужно   трудно   можно

1. Родители всегда говорят, что [брат] _____

   заниматься. Но иногда _____ смотреть телевизор.

2. [Мои друзья] _____

   идти в библиотеку, потому что завтра экзамен по истории России.

3. [Мы] _____ купить платье сестре, потому что мы не

   знаем её размер, но мама думает, что это _____.

4. Говорить по-русски [эти студенты]_____,

   но [ты] _____, ведь ты жила в России.

5. Мэри любит русскую литературу, и на день рождения

   _____ подарить ей русскую книгу.

   Правда, она только на первом курсе, и [она] _____

   ещё_____ читать по-русски.

08-23. (5. Subjectless constructions—personalized). Complete the following sentences so that they make sense.

1. Сегодня мне надо _____

2. Мне очень трудно _____

3. Когда я занимаюсь, мне не надо _____

4. Моим братьям легко _____

5. Нашему дедушке нужно _____

08-24. (6. Нравиться). When asked what gifts they would like to get on their birthdays, the following people told what they liked. Express the results in sentences, remembering to make the verb agree with the grammatical subject. Keep the word order the same as in the example.

⇨ Маша — эта книга по искусству
Маше нравится эта книга по искусству.

1. Кристина — альбом импрессионистов

_____

2. Виктор — романы Льва Толстого

_____

3. Таня — американские фильмы

_____

4. Игорь Сергеевич — новый роман Людмилы Улицкой

_____

5. Елизавета Павловна — книги по истории

_____

6. Джоанна и Джон — русские сувениры

_____

7. Лидия — матрёшки

_____

8. Майкл — эта красивая шкатулка

_____

08-25. (6. Нравиться vs. любить). Fill in the blanks in the following sentences with the appropriate verb. Be sure to make the verb agree with its grammatical subject.

Я _люблю_ русские сувениры, и _мне_ очень нравятся эти матрёшки.

1. Вадим _____ романы Пелевина, и романы «Generation P» и «Омон Ра» ему очень

   _____.

2. Мы _____ американские фильмы, но последний

   фильм Диснея нам не _____.

3. Вика не очень _____ авангардистов, но этот

   альбом ей _____.

4. Жанна и Саша _____ русскую литературу, и

   «Анна Каренина» им очень _____.

5. Сара сейчас учится в Новосибирске и уже ездила в несколько русских

   городов. Ей особенно _____ Иркутск.

   Владивосток и Хабаровск ей тоже _____.

   Она очень _____ жить в России.

08-26. (Review). Restore the missing words in Ann's text to Sasha about her trip to Saint-Petersburg. Pay special attention to the grammatical environment surrounding each blank. For example, a blank in a sentence, such as **Мы _____ в Москве,** requires a "location" verb, such as **были,** because of the phrase **в Москве.** Use any form of any of the following words:

быть	комната	сувенир
жить	магазин	ужинать
завтракать	обедать	ходить
купить	подарок	

Add any required prepositions and pronouns.

Имя и фамилия _____

Дорогой Саша!

на про́шлой неде́ле — last week

На прошлой неделе мы [1] _____ в Петербурге,

где мы [2] _____ в большом общежитии. Наши

[3] _____ были маленькие, но уютные. Мы

[4] _____ и обедали в общежитии, а

[5] _____ в ресторане или в кафе.

[6] _____ вторник я ходила [7] _____ концерт, а Дейвид

[8] _____ на футбол. Мы также ходили

[9] _____ — мы хотели купить [10] _____.

Но мы не [11] _____ [12] _____,

потому что они [13] _____ очень дорогие!

Твоя
Энн

08-27. (Review and reading) Книги онлайн. In a search engine, find a Russian online bookseller by entering the terms **книги онлайн**. *Search for five books on various topics.* Then fill in the information following the *variable**model:

Если вам нравится [*fill in a general topic*], можно купить книгу по [*fill in a specific topic*] «[*fill in the title you found*]» за [*fill in the price and the correct form of* рубль].

Образец: Если вам нравится **искусство**, можно купить книгу по **дизайну** «**Дизайн для недизайнеров**» за **991 рубль.**

**Don't be afraid to vary the model within the limits of the Russian you know, for example:*

Если вы любите **искусство**, *вы можете купить* книгу по **дизайну** «**Дизайн для недизайнеров**» за **991 рубль.**

Если вам нравится **искусство**, *я советую купить* книгу по **дизайну** «**Дизайн для недизайнеров**» за **991 рубль.**

1. _____
   _____

2. _____
   _____

3. _____
   _____

4. _____
   _____

5. _____
   _____

08-28. Интернет-магазин. Ozon.ru is one of Russia's biggest online stores. Visit the site and do some shopping for friends and family. Write a Russian friend for advice on the items and prices, using the usual formulas for letter-writing.

The following statements could serve as a guide:

Маша очень любит русские сувениры, поэтому я хочу ей подарить красивую шкатулку.

Я могу купить ей такую шкатулку за 1581 рубль.
или
Такая шкатулка стоит 1581 рубль.
Такую шкатулку можно купить за 1581 рубль.

Мама очень любит красивые альбомы по искусству, поэтому...
Папа любит всё о футболе, поэтому...
Брат сейчас изучает русскую историю, поэтому...
У тёти Сары есть коллекция календарей, поэтому...
Как ты думаешь? Это хорошая цена? Это дорого?

_____

_____

_____

_____

_____

_____

_____

_____

_____

_____

_____

08-29. Магазины в моём городе. Your Russian friends are coming to visit next month, and they don't know what they need to bring. Write them an e-mail explaining that they can get anything they need in your hometown, that clothes and many other items are relatively inexpensive. Describe the stores and malls in your town, advise them what not to bring, and tell them about local souvenirs they can bring back home as gifts. As always, open your message with **Дорогой/Дорогая/Дорогие**, and close it with **Твой/Твоя** or **Ваш/Ваша** (if you are writing to several friends at once) before your name.

You can use the following phrases to help you:

Не надо брать... — Don't bring...
большой чемодан
багаж
дорогой — expensive (*about a thing*); **дорого** — expensive (*in general*); **дорого везти** — it is expensive to transport
дешёвый — inexpensive (*about a thing*); **дёшево** — inexpensive (*in general*)
Всё там так дорого!
Дороже, чем — more expensive than
Дешевле, чем — less expensive than
Здесь можно дешевле (cheaper) **купить** (*что?*)..., чем в России.
рядом — close by (*lit.* next to, next door): Здесь рядом много хороших магазинов.
Жду тебя! Ждём вас! — I (we) are looking forward to seeing you!

_____

_____

_____

_____

_____

_____

_____

_____

_____

_____

_____

_____

_____

_____

_____

_____

08-30. Записка друзьям. Tomorrow is your last shopping day in Moscow. You would like to buy gifts for a relative, but don't know what to get. You won't see your Russian friends today, but you know if you send them an e-mail, they'll check e-mail tonight and get back to you later with suggestions. Write an e-mail asking for advice.

Имя и фамилия _____

_____

_____

_____

_____

_____

_____

_____

_____

_____

_____

_____

_____

_____

_____

_____

_____

08-31. Шоппинг онлайн.

In a search engine such as yandex.ru, rambler.ru or Google, enter the terms **интернет магазины** or **шоппинг онлайн**. Find items that you might want to buy as gifts. Note what you would buy, how much it would cost, and to whom you might give the gift to. To find out what the real cost to you would be, enter **курс доллара к рублю** in any search engine.

Видео

08-32. Новые слова. Watch the video using the following words to help you.

Столо́вый прибо́р — Table setting

посу́да (*singular only*) — dishes

ста́кан

нож

ло́жка   таре́лка   ви́лка

Други́е слова́

беспла́тно — free; gratis
во́зраст — age
доста́вка — delivery ➜ доставля́ть /
    доста́вить *что кому куда*
клиенту́ра — clientele
конкуре́нция — competition
ма́рка = бренд
накрыва́ть на стол — to set the table
останови́ться — to stop

пора́ — it's time to...
приве́рженцы — adherents
ски́дка — discount
существова́ть (существу́ю) — to exist
торгова́ть (торгу́ю) *чем* — to deal
    in; to engage in trade
уда́ча — good fortune: Вот удача!
ча́ще и ча́ще — more and more often

08-33. Non-nominative of numbers. In this segment you will hear numbers outside the nominative case. The bad news is that cardinal numbers (*one*, *two*, *three*, not *first*, *second*, *third*) in Russian decline. The good news is that numbers ending in digits *five* and above (5, 6, 7... 20, 25... 30, etc.) have only three forms:

nominative/accusative	**пять**
instrumental	**пятью**
all other cases	**пяти**

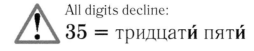

All digits decline:
35 = тридцати́ пяти́

The exceptions are **со́рок** and **девяно́сто**, which you will see in Book Two.

Predict the genitive case forms for these cardinal numbers. Then, after you have completed the other exercises, return to this exercise and determine whether the numbers you predicted were actually used.

Numeral	Form	How did you know?	
		Heard it	Used the rule to predict it
10	_____	☐	☐
20	_____	☐	☐
30	_____	☐	☐
50	_____	☐	☐
60	_____	☐	☐
70	_____	☐	☐

08-34. Арха́нгельск: магази́н «Но́вый стиль». Now try to predict whether the following statements about the clothing store are true or false.

☐ Магазин «Новый стиль» существует уже 30 лет.

☐ Типичному клиенту около 40 лет.

☐ Товары в этом магазине стоят недёшево.

☐ В этом магазине самые престижные русские марки.

08-35. Шóппинг онлáйн. Watch this part of the video with these questions in mind.

1. Which advantages to online shopping are mentioned?
   - ☐ Wide selection
   - ☐ Ease of shopping
   - ☐ Frequent discounts
   - ☐ Door to door delivery
   - ☐ Pick-up at any metro station
   - ☐ Customer loyalty plans

2. Why does Lia want a new dining set?
   - ○ A serving spoon is damaged.
   - ○ Forks and knives are missing.
   - ○ Some plates are chipped.
   - ○ The silver plating is gone.

3. What does Lia do before making a final payment?
   - ○ She adds a discounted six-plate dish set to her order.
   - ○ She decides to order from a different site.
   - ○ She eliminates an item because it doesn't match the tablecloth.
   - ○ She fears she is overspending and cancels everything.

4. What is the disadvantage to online shopping?
   - ○ It's hard to stop: in a brick-and-mortar store you get physically exhausted and go home.
   - ○ It's a financial risk: online thieves are hiding behind every click, waiting to drain your account.
   - ○ It's a service nightmare: when you want to complain, it's impossible to talk to a real human being.
   - ○ It's too easy to make mistakes: you spend more time returning mistaken orders than actually buying things.

Имя и фамилия _____

08-36. Новые слова в контексте. Based on visual and language context, what boldfaced Russian words match the English expressions?.

basket — _____

delivery person — _____

push and shove — _____

stop — _____

tablecloth _____

torment oneself — _____

turn around — _____

захоте́ть **присе́сть**
корзи́на
курье́р
му́читься в про́бках
останови́ться
подходи́ть
разверну́ться и уйти
ска́терть (*f*)
ски́дка
толка́ться в метро́

УРОК 9   ЧТО МЫ БУДЕМ ЕСТЬ?

ᴖ᎘ Устные упражнения

Oral Drill 1 (1. Есть). Say that the following people do not eat meat.

Образец:

я   ⟹   Я не ем мя́со.

она   ⟹   Она не ест мя́со.

Продолжайте!

э́ти студе́нты, ты, вы, сосе́дка по ко́мнате, ваш друг, моя́ тётя, мы

Oral Drill 2 (1. Пить). Finish the sentence that you hear on the recording. Be as self-righteous as possible: "I'm not allowed to drink... *And I don't!*"

Образец:

Мне нельзя́ пить...   ⟹   и я не пью!

Павлу нельзя́ пить... ⟹   и он не пьёт!

Продолжайте!

... нельзя́ пить.

Ма́ме..., Отцу́..., Нам..., Тебе́..., Мне..., Сосе́ду по ко́мнате..., Мои́м друзья́м..., Роди́телям

Oral Drill 3 (2. "For"). Answer the questions according to the model.

Образец:

(мой друг) Кому́ вы покупа́ете пода́рок?   ⟹   Моему́ дру́гу.

(обед) За что вы заплати́ли?   ⟹   За обе́д.

Продолжайте!

(наша семья́) Для кого́ вы де́лаете этот альбо́м?

(дочь) Кому́ вы купи́ли эту игру́шку?

(игру́шка) За что вы заплати́ли 2000 рубле́й?

(моя́ рабо́та) Для чего́ вы взя́ли этот софт?

(на́ши студе́нты) Кому́ нужны́ эти материа́лы?

(учёба в университе́те) Для чего́ нужны́ эти материа́лы?   *noun from* **учиться**

(пода́рок) За что на́до сказа́ть спаси́бо?

Oral Drill 4 (3. Instrumental case of nouns and modifiers). Following the model, rephrase the sentences.

Образец:

Я и твой сосе́д идём в кафе́. ⟹ Мы с твои́м сосе́дом идём в кафе́.

Продолжайте!

Я и… идём в кафе́.

но́вая студе́нтка, ва́ша мать, её мла́дшая дочь, америка́нский преподава́тель, твоя́ сосе́дка, наш друг, на́ши роди́тели, мой де́душка, э́та интере́сная де́вушка, э́тот молодо́й челове́к, ру́сские врачи́

Oral Drill 5 (3. Instrumental case of pronouns). Confirm that Vika is traveling with the following people. Replace the nouns in the instrumental case with appropriate pronouns.

Образец:

— Ви́ка е́дет вме́сте с му́жем?

— Да, она́ с ним е́дет вме́сте.

Продолжайте!

с ва́шей ма́терью, с племя́нником, с мла́дшей до́черью, с сосе́дкой по ко́мнате, с ва́шими роди́телями, со мной, с на́ми, с тобо́й, с ва́ми

Oral Drill 6 (3. Instrumental case of nouns). Unlike the speaker who orders everything "without," you order everything "with."

Образец:

— Мы берём мя́со без лу́ка. ⟹ — А мы берём мя́со с лу́ком.

Продолжайте!

Мы берём…

ку́рицу без карто́шки, ры́бу без овоще́й, мя́со без со́уса, сала́т без помидо́ров, пи́ццу без грибо́в, пи́ццу без пе́рца, бутербро́д без сы́ра, ко́фе без молока́, чай без са́хара

Oral Drill 7 (4. Future tense of быть). When asked if various people were home yesterday, say no, but they will be home tomorrow.

Образец:

— Вади́м был до́ма вчера́? ⟹ — Нет, но он бу́дет до́ма за́втра.

Продолжайте!

Алекса́ндр, твои́ друзья́, преподава́тель, ты, вы, Ники́тин, сосе́дка по ко́мнате

Oral Drill 8 (5. Imperfective future). When asked if various people are doing something today, say they will be doing it tomorrow.

Образец:

— Твои друзья́ сего́дня отдыха́ют?
— Нет, они́ бу́дут отдыха́ть за́втра.

Продолжа́йте!

Ла́ра сего́дня гото́вит обе́д?

Вы сего́дня занима́етесь?

Ви́ктор сего́дня слу́шает за́писи?

Де́ти сего́дня смо́трят телеви́зор?

Ты сего́дня рабо́таешь?

Роди́тели сего́дня убира́ют дом?

Вы сего́дня пи́шете e-mailы?

Ты сего́дня у́жинаешь в кафе́?

Oral Drill 9 (5. Imperfective future). You're bored. Your friend digs up an item that might divert your attention. Respond, using an appropriate verb in the future tense: "Look, here is a paper!" "Great, I'll read the paper!"

Образец:

— Вот журна́л.   ⟹   — Хорошо́! Я бу́ду чита́ть журна́л.
— Вот ди́ски.   ⟹   — Хорошо́! Я бу́ду слу́шать ди́ски.

Продолжа́йте!

Вот…

кни́ги, чай, гита́ра, моро́женое, вино́, телеви́зор

Oral Drill 10 (6. Perfective future). You're asked if you've done whatever you were supposed to have done by now. Say you'll get it done right away.

Образец:

— Вы уже́ написа́ли письмо́?
— Нет, но я сейча́с напишу́!

Вы уже́…

прочита́ли журна́л?	пообе́дали?
пригото́вили у́жин?	поза́втракали?
съе́ли моро́женое?	поу́жинали?
вы́пили чай?	сде́лали рабо́ту?
посмотре́ли фотогра́фии?	купи́ли о́вощи?
взя́ли докуме́нты?	прослу́шали диск?
посове́товали им, что де́лать?	

Oral Drill 11 (6. Aspectual differences in the future). You're asked if you're ever planning to do whatever you were supposed to do. Yes, you say defensively. You'll get it done tomorrow!

Образец:

— Вы бу́дете писа́ть письмо́?
— Я напишу́ письмо́ за́втра!

— Вы бу́дете чита́ть кни́гу?
— Я прочита́ю кни́гу за́втра!

Продолжайте!

Вы бу́дете...

покупа́ть оде́жду?

есть котле́ты?

смотре́ть фильм?

слу́шать э́тот диск?

гото́вить у́жин?

де́лать зада́ния?

чита́ть журна́л?

брать кни́ги

Oral Drill 12 (6. Perfective future). Tell your friend that Masha will do everything.

Образец:

—Хо́чешь, я пригото́влю у́жин?
— Не надо! Маша пригото́вит.

—Хо́чешь, я куплю́ газе́ту?
— Не на́до! Ма́ша ку́пит.

Продолжайте!

Хо́чешь, я...

пойду́ в библиоте́ку?

сде́лаю пи́ццу?

скажу́ ей пра́вду?

напишу́ e-mail?

куплю́ пода́рок?

прочита́ю тебе́ ру́сский текст?

пригото́влю за́втрак?

возьму́ ди́ски?

Oral Drill 13 (6. Aspect, new verb: взять). When asked what various people will order, say that they'll probably get whatever is given as the prompt.

Образец:

— (ры́ба) Что бу́дет есть па́па?
— Он, наве́рное, возьмёт ры́бу.

— (салат) Что ты бу́дешь есть?
— Я, наве́рное, возьму́ салат.

Продолжайте!

[мя́со] Вале́рий	[суп] мы
[ку́рица] на́ши друзья́	[яи́чница] я
[икра] Анна Дми́триевна	[фру́кты] они́
[моро́женое] де́ти	[котле́та] дочь

Oral Drill 14 (7. Aspect, new verb: брать). Some of the guests will probably order wine. You know that they *always* order wine.

Образец:

Же́ня, наве́рное, возьмёт вино́.	Она́ всегда́ берёт вино́.
Ты, наве́рное, возьмёшь вино́.	Я всегда́ беру́ вино́.

Продолжайте!

Андре́й Миха́йлович, я, мы, на́ши друзья́, вы, сосе́д по ко́мнате, Алла, ты

Oral Drill 15 (8. Genitive of pronouns). Your friends are looking for a number of items. When asked if they are here, respond that they *were* here earlier, but they're gone now.

Образец:

— Кни́ги здесь? ⟹ — Они́ бы́ли здесь, а тепе́рь их нет.

Продолжайте!

Оде́жда здесь?	Брю́ки здесь?
Руба́шка здесь?	Очки́ здесь?
Ту́фли здесь?	Пла́тье здесь?
Пода́рок здесь?	Де́ньги здесь?
Торго́вый центр здесь?	

Oral Drill 16 (8. Prepositional of pronouns). Everyone talks about everyone else. Follow the models.

Образец:

Ма́ша говори́т о нас.	⟹	И мы говори́м о ней.
Мы говори́м о Ки́ре и Макси́ме.	⟹	И они́ говоря́т о нас.

Продолжайте!

Ки́ра и Макси́м говоря́т о вас.

Вы говори́те о Ви́кторе.

Ви́ктор говори́т о но́вом преподава́теле.

Но́вый преподава́тель говори́т об э́тих студе́нтах.

Эти студе́нты говоря́т о на́ших друзья́х.

На́ши друзья́ говоря́т о мои́х роди́телях.

Мои́ роди́тели говоря́т о Же́не и Са́ше.

Же́ня и Са́ша говоря́т обо мне.

Я говорю́ о тебе́.

Ты говори́шь о нас.

Мы говори́м о Ма́ше.

Oral Drill 17 (8. Declension of кто). You are told something about someone, but you can't make out the entire question. Ask for more information.

Образец:

— *Мне* на́до рабо́тать. ⟹ — *Кому́* на́до рабо́тать?

— *Анто́на* нет здесь. ⟹ — *Кого́* нет здесь?

— Я ви́жу *Ве́ру*. ⟹ — *Кого́* вы ви́дите?

— *Мой брат* был здесь. ⟹ — *Кто* был здесь?

— Брат говори́л *об Анто́не.* ⟹ — *О ком* он говори́л?

Продолжа́йте!

Ему́ на́до рабо́тать.

Мое́й сестры́ нет до́ма.

Наш оте́ц пошёл домо́й.

Мы ду́мали *о на́ших роди́телях.*

Мы говори́ли *об их вну́ке.*

Я ви́жу *твоего́ бра́та.*

Моему́ му́жу на́до быть до́ма.

Его́ нет на рабо́те.

Мы ви́дели *Са́шу.*

Ка́тя была́ на уро́ке.

У Зи́ны есть маши́на.

Oral Drill 18 (8. Declension of что). You are told something about *something*, but you can't make out the entire question. Ask for more information.

Образец:

— *Телеви́зора* здесь нет. — *Чего́* здесь нет?!

— Я ви́жу *шко́лу*. ⟹ — *Что* вы ви́дите?!

— Мы говори́м *об уро́ке* ⟹ — *О чём* вы говори́те?!

— Здесь была́ *шко́ла*. ⟹ — *Что* здесь бы́ло?!

Продолжа́йте!

Я ви́жу *университе́т.*

Мы ду́мали *о заня́тиях.*

Здесь бы́ли *кни́ги.*

Я купи́л *руба́шку и брю́ки.*

Ку́ртки здесь нет.

Он зна́ет *францу́зский язы́к.*

Все говоря́т *об э́том конце́рте.*

Я смотрю́ *но́вый фильм.*

Э́тому теа́тру сто лет.

Здесь был *но́вый дом.*

Oral Drill 19 (Declension of modifiers, nouns, and pronouns: review).
Practice declining the phrases given by answering the questions below.
Образец:
русский студе́нт

Кто э́то?	Ру́сский студе́нт.
Кого́ нет?	Ру́сского студе́нта.
Кому́ вы покупа́ете пода́рок?	Ру́сскому студе́нту.
Кого́ вы ви́дите?	ру́сского студе́нта.
О ком вы говори́те?	О ру́сском студе́нте.

Продолжа́йте!

мой ста́рший брат, моя́ ста́ршая сестра, э́тот симпати́чный челове́к, э́та
краси́вая де́вушка, хоро́ший преподаватель, хоро́шая студе́нтка, на́ша
ма́ленькая семья́, Ли́дия Петро́вна, Дми́трий Алексе́евич, твой большо́й
друг, я, он, она́, вы, они́, ты, мы

Числительные
Review of Numbers

09-01. Зарплата (*salary*). Все эти цифры становятся понятными, только если вы знаете, какая средняя зарплата в США и России. Listen to the information comparing average U.S. and Russian salaries and write down what you hear.

Профессия	США доллары в месяц	Россия рубли в месяц
учитель школы		
директор большого магазина		
врач		
водитель автобуса		
актёр в местном театре		
графичкский художник		
секретарь		
электрик		
брокер		
реалтор		
официант		
журналист		

09-02. Ресторанная жизнь в цифрах. Listen to the recording and fill in the blanks.

1. В 2022 году «Биг Мак», купленный в Вашингтоне, стоил _____ доллара, _____ центов. Такой же «Биг Мак» в Москве стоил _____ рублей.

2. В США пицца с доставкой на дом может стоить _____ — _____ долларов. В России трудно найти такие пиццерии. Но они есть. В Москве пицца с доставкой на дом стоит _____ рублей.

3. Обед в хорошем ресторане в Сан-Франциско стоит примерно _____ долларов. Обед в хорошем ресторане во Владивостоке стоит приблизительно _____ рублей.

4. Бутылка французского вина стоит _____ долларов в американском ресторане и _____ рублей в русском ресторане.

5. На еду в месяц типичный американец тратит _____ долларов, а типичный русский — _____ рублей.

6. Работник в американском Макдоналдсе получает _____ долларов в месяц. В московском Макдоналдсе на Пушкинской площади работник получает _____ рублей.

7. Американский студент тратит _____ долларов на еду в месяц. А русский студент тратит _____ рублей.

Но́вые слова
ку́пленный — bought, purchased
приблизи́тельно — approximately
приме́рно — approximately
рабо́тник — employee
с доста́вкой — delivered (*with delivery*)
типи́чный — typical
тра́тит — spends

🎧 Фонетика и интонация

09-03. Review of vowel reduction: letters о, а, and ы. As you have seen, Russian unstressed vowel letters are reduced. Although vowel reduction takes place in English as well, the two systems differ.

English:

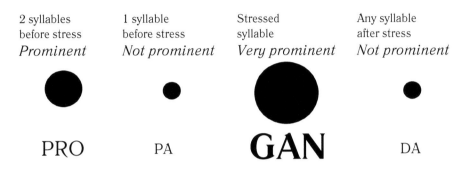

| 2 syllables before stress *Prominent* | 1 syllable before stress *Not prominent* | Stressed syllable *Very prominent* | Any syllable after stress *Not prominent* |

PRO   PA   **GAN**   DA

Russian:

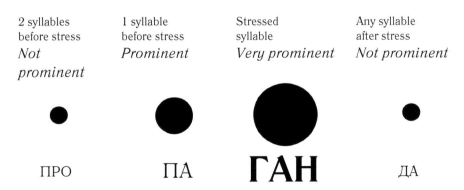

| 2 syllables before stress *Not prominent* | 1 syllable before stress *Prominent* | Stressed syllable *Very prominent* | Any syllable after stress *Not prominent* |

ПРО   ПА   **ГАН**   ДА

Reduction of o and a

Using the chart above, we can represent the vowel reduction of letters **o** and **a** as follows:

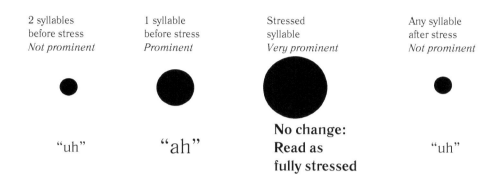

2 syllables before stress *Not prominent*	1 syllable before stress *Prominent*	Stressed syllable *Very prominent*	Any syllable after stress *Not prominent*
"uh"	"ah"	**No change: Read as fully stressed**	"uh"

Note that as far as phonetics is concerned, prepositions behave as if they were unstressed syllables of the *following word,* as in **на платфо́рме**.

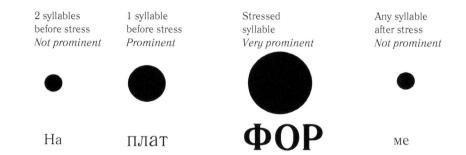

2 syllables before stress *Not prominent*	1 syllable before stress *Prominent*	Stressed syllable *Very prominent*	Any syllable after stress *Not prominent*
На	плат	**ФОР**	ме

Reduction of ы

Unlike **o** and **a**, the vowel letter **ы** reduces to an "uh"-type vowel only when it occurs *after the stress* but *not as part of a grammatical ending:*

шашлы́к	Read as **ы** — stressed
газе́ты	Read as **ы** — last letter in the word
му́зыка	Read as "uh" — after the stress and not the last letter in the word
но́вый	Read as **ы** — part of a grammatical ending

09-04. Listen to the utterances below. Mark the stressed (very prominent) vowel with "3". Place a "2" over the prominent vowels, that is, those which are one syllable before the stress. Write "1" over the nonprominent vowels, that is, those either more than one syllable before the stress or anywhere after the stress. Then repeat the words in the list as accurately as you can, paying attention to vowel reduction.

1. по • па • дём

2. ба • ка • ле • я

3. та • ба • ка

4. хо • ро • шо

5. по • ми • дор

6. за • ка • зы • ва • ла

7. на • вто • ром

8. на • слад • ко • е

9. по • ка • зы • ва • ла

10. му • зы • ка

11. до • ро • го

12. мо • ло • дой

13. ра • бо • та • ют

14. ду • ма • ют

15. по • ка • за • ла

09-05. Ударение. Do you know how the following words are stressed? Mark the vowels you believe are stressed in the words in boldface. Then listen to the recording to see if you were correct.

1. — Что можно **заказать**?

2. — Мы **закажем** суп с **овощами**.

3. Какие **блюда** ты **любишь** больше всего?

4. — Вы **взяли** пиццу с **колбасой**? Но эти **дети** не **едят свинину**.

5. — Ничего, я им **закажу** еще **одну** пиццу без **мяса**.

6. Когда вы **обедаете** в ресторане с **семьёй**, кто обычно **платит**?

7. За такой сервис я **платить** не буду!

8. Когда нам **дадут завтрак**? Мы очень **хотим** есть.

9. **Овощи** мы **купим** на рынке.

10. **Купить свежие** продукты в магазинах невозможно.

Письменные упражнения

09-06. (Practice with large numbers). Write or type out the words for the amount in rubles.

52   ⟹   пятьдесят два рубля

32 _____

10_____

792 _____

9152 _____

847 _____

112 _____

1980 _____

22 350 _____

91 700 _____

110 800 _____

09-07. (1. Есть and пить). Fill in the blanks with the appropriate present-tense forms of **есть** or **пить**.

1. Утром я _____ хлеб и _____ чай с

лимоном.

2. Маша _____ кашу и _____ молоко.

3. Её родители _____ яичницу и _____ чёрный

кофе.

Имя и фамилия _____

4. Днём я _____ суп с рыбой и _____

минеральную воду с газом.

5. Вы тоже _____ суп?

6. Вечером эти студенты обычно _____ кофе с молоком.

7. Ты обычно _____ кофе или чай?

8. Ты _____ сладкое каждый день?

9. Мы _____ фрукты и _____ минеральную воду.

10. Этот человек вегетарианец, он вообще не _____ мясо.

11. Мне нельзя _____ перец и

_____ какао.

09-08. (1. Есть, пить). Compose ten factually and grammatically correct sentences from the elements given below. Use one phrase from each column in each sentence. Do not change word order.

я	Your choice of word here might affect both tense and aspect!	есть пить	молоко грейпфрут мясо водка кофе пицца гамбургеры овощи
моя сестра мой брат мои родители дети американцы русские студенты	часто редко сейчас раньше утром вечером никогда не каждый день		

1. _____

2. _____

3. _____

Имя и фамилия _____

4. _____

5. _____

6. _____

7. _____

8. _____

9. _____

10. _____

09-09. (2. "For"). Replace the "for" expressions.

1. Что вы купили [for Masha] _____ на день рождения?

2. Сколько вы заплатили [for the gift] _____?

3. Мои родители готовы сделать всё [for me]

   _____.

4. Я хочу заказать всё онлайн. Что [for that] _____ нужно?

5. Спасибо [for the book] _____!

09-10. (3. Instrumental case). Fill in the menu by placing the items provided into the instrumental case.
Словарь:
докторская колбаса — bologna
жареный — fried
креветки — shrimp
мясной фарш — ground meat (beef or pork)

1. Бутерброд с (докторская колбаса и сыр): _____

2. Суп с (креветки и красный перец): _____

3. Кофе с (молоко): _____

4. Чай с (лимон): _____

Голоса Book One ◆ Student Workbook ◆ Урок 9   251

Имя и фамилия _____

5. Курица с (пюре): _____

6. Рыба с (жареная картошка): _____

7. Капуста с (мясной фарш): _____

8. Мороженое с (шоколадный сироп): _____

9. Пицца с (овощи): _____

10. Минеральная вода с (газ): _____

09-11. (2. Instrumental case). Following the model, rewrite sentences replacing the **Я и...** expressions with **Мы с...** expressions. Then complete the sentence, using the phrase at the right and putting the verb into the appropriate form.

Я и вы... идти на урок.　　　⟹　　　Мы с вами идём на урок.

1. Я и твой друг... любить ходить в кино

_____

2. Я и твоя мать ...советовать тебе заниматься

_____

3. Я и семья... отдыхать дома

_____

4. Я и соседи по комнате... пойти в столовую

_____

5. Я и ты... взять вино?

_____

6. Я и сестра... хорошо учиться

_____

7. Я и дети...заказать обед

_____

09-12. (2. Instrumental case). Один или вместе?

1. Вы живёте с родителями, с соседом (с соседкой) или одни?

    _____

2. Вы занимаетесь с друзьями или одни?

    _____

3. Вы ходите на занятия со знакомыми или одни?

    _____

4. Вы отдыхаете с семьёй или одни?

    _____

5. Вы обедаете с другими студентами или одни?

    _____

ВНИМАНИЕ
Он говорит:
Я живу оди́н.
Она говорит:
Я живу одна́.

09-13. (5. Future tense of быть). Make future-tense sentences from the following lists of words. Use the future tense of **быть.** Do not change word order. Be sure to put adjectives and nouns in the needed case.

1. Завтра / мы / быть / в / Санкт-Петербург.

    _____

2. Днём / у нас / быть / свободное время.

    _____

3. Кто / где / быть?

    _____

4. Маша и Катя / быть / в / Эрмитаж.

    _____

5. Кевин / быть / на / рынок.

    _____

6. Я / быть / в / новая школа.

    _____

7. У / я / быть / там / лекция.

    _____

8. А / где / ты / быть, / Джон?

_____

9. Нина Павловна, / где / вы / быть?

_____

09-14. (4. Future tense of быть—personalized). Answer the following questions using complete sentences and the future tense of **быть.** Follow the model.

Где вы будете завтра днём?   ⟹   Завтра днём я буду в библиотеке.

1. Где вы будете в пятницу вечером?

_____

2. Где вы будете во вторник утром?

_____

3. Где будут ваши друзья в субботу утром?

_____

4. Где вы будете в августе?

_____

5. Где будут ваши родители на Новый год?

_____

09-15. (5. Imperfective future—personalized). Indicate some things you will do next week by selecting ten activities from the list below and writing them in on the schedule. Do not use any verb more than twice. Follow the model.

читать газету, книгу, журнал, e-mail'ы,...

писать письма, дипломную работу,...

слушать лекции, музыку,...

рассказывать о России,...

читать лекцию о политике, об экономике,...

убирать комнату

работать (где?)

заниматься (где?)

ужинать в ресторане

пить кофе (пиво) с друзьями

Имя и фамилия _____

Понедельник: *Я буду заниматься в библиотеке.*

Вторник:

_____

_____

Среда:

_____

_____

Четверг:

_____

_____

Пятница:

_____

_____

09-16. (6. Verbal aspect) Indicate whether the sentence is present tense or future. Check the words that make it possible to determine this. The first one is done for you.

Present Future Предложения

● ○ ☐Маша ☑сейчас ☑готовит ☐пиццу.
○ ○ ☐Завтра ☐она ☐приготовит ☐котлеты ☐по-киевски.
○ ○ ☐Утром ☐она ☐купит ☐курицу.
○ ○ ☐Каждый день ☐она ☐покупает ☐хлеб.
○ ○ ☐Когда ☐она ☐будет в ☐Москве, ☐она не ☐будет
○ ○ ☐готовить.
○ ○ ☐Она ☐всё ☐время ☐будет ☐ужинать в ☐столовой.
○ ○ ☐Там ☐она ☐возьмёт ☐чай.
○ ○ А ☐дома ☐она ☐обычно ☐берёт ☐кофе.
○ ○ ☐Её ☐мама ☐советует ☐ей не ☐пить ☐кофе.
○ ○ ☐Сегодня ☐вечером ☐она ☐возьмёт ☐шампанское.
○ ○ ☐Что ☐отец ☐посоветует ☐ей ☐делать?
○ ○ ☐Тане ☐надо ☐будет ☐есть ☐овощи и ☐фрукты
○ ○ ☐каждый ☐день.

09-17. (6. Verbal aspect). Select the appropriate forms of the verbs according to the context.

1. Ты долго ещё (будешь готовить/приготовишь) обед?

2. Ты весь вечер (будешь пить/выпьешь) пиво?

3. Ты мне (будешь брать/возьмёшь) кофе с молоком на завтрак?

4. А в России ты каждый день (будешь пить/выпьешь) чай на завтрак?

5. Ты быстро (будешь делать/сделаешь) пиццу? Гости ждут!

6. Ты (будешь читать/прочитаешь) книгу весь вечер?

7. Ты (будешь читать/прочитаешь) статью на завтра? На уроке будет экзамен!

8. Ты не (будешь говорить/скажешь), как по-русски «suitcase»?

9. В России ты (будешь говорить/скажешь) по-русски?

10. Ты вечером (будешь писать/напишешь) письмо тёте? Я завтра буду на почте.

09-18. (7. Брать vs. взять). Fill in the blanks using the present tense of **брать** and the future tense of **взять** where needed.

— Сейчас посмотрим, что в меню. Вот я, наверное, [will get] _____ рыбу. Ты, как всегда, [will get] _____ мясо?

— Да. Я всегда [get] _____ мясо.

— А если нет мяса?

— Тогда мы [will get] _____ две порции рыбы.

— А на десерт что мы [will get] _____?

— Сейчас посмотрим. Интересно, что [are getting] _____ молодые люди, которые вон там сидят. Кажется, им несут что-то очень вкусное.

09-19. (6-7. Verbal aspect). Translate into Russian.

1. "What are you going to buy for Katya?" "I'll buy her a book about European history."

   _____

   _____

2. "I always get chicken in restaurants, but today I'll get fish."

   _____

   _____

3. We'll tell them about the test today.

   _____

   _____

4. The students will read the article very quickly.

   _____

   _____

5. Mother will be cooking dinner all day long (**весь день**).

   _____

   _____

6. Today we'll order meat with rice.

   _____

   _____

7. We'll go to the store tomorrow.

   _____

   _____

09-20. (8. Genitive for personal pronouns). Answer the following questions in the negative using genitive of absence. Follow the model.

Маши здесь нет? ⟹ Нет, её нет.

Книг здесь нет? ⟹ Нет, их нет.

1. Друзей здесь нет?

_____

2. Кирилла здесь нет?

_____

3. Лампы здесь нет?

_____

4. Родителей здесь нет?

_____

5. Телефона здесь нет?

_____

6. Детей здесь нет?

_____

7. Лены здесь нет?

_____

09-21. (7. Prepositional of personal pronouns). Answer the questions affirmatively, using pronouns as in the models.

Анна говорит о тебе? ⟹ Да, она говорит обо мне.

Ты говоришь обо мне? ⟹ Да, я говорю о тебе.

1. Они говорили об Олеге?

_____

2. Олег говорит о родителях?

_____

3. Родители говорят о детях?

_____

Имя и фамилия _____

4. Дети говорят о дне рождения?

_____

5. Ты говоришь о курсах?

_____

6. Вы говорите об Анне?

_____

7. Студенты говорят об этом ресторане?

_____

8. Папа говорит о тебе?

_____

9. Преподаватель говорит о вас?

_____

10. Вы говорите о нас?

_____

09-22. (7. Declension of personal pronouns). Answer the following questions using pronouns according to the models.

— Алла говорит о Пете?   ⟹   — Да, она говорит о нём.
— Петя работает там?   ⟹   — Да, он работает там.
— Петя знает Аллу?   ⟹   — Да, он её знает.

1. Книги были здесь?

_____

2. Саша говорил о Маше?

_____

Имя и фамилия _____

3. Маша знает Сашу?

_____

4. Галя купила книгу?

_____

5. Света думала о Мише?

_____

6. У Люды есть машина?

_____

7. Вы знаете родителей Тимура?

_____

8. Вы знаете Андрея и Аню?

_____

9. Дети думают о подарках?

_____

09-23. (7. Verbs of taking, giving, buying, and selling). Fill in the blanks.

1. Свежие продукты — фрукты, овощи, мясо и рыбу мы обычно [buy]

   _____ на рынке.

2. Если нужно, я тебе [will buy] _____ новый планшет.

3. В каком отделе [do they sell] _____ ножи?

   нож, ножи

4. Родители сказали, что [they will give] _____ деньги на

   высшее образование, потому что высшее образование _____

   тебе много для жизни.

5. Не хочешь есть? Я тебе вкусный борщ [will give] _____.

6. Ваша карта будет работать в этом банкомате. Но он [gives]
   _____ только большие купюры.

   большáя купюра — 5000 — 5 — мáленькая купюра

7. — Сегодня будет дождь! — Ничего, я [will take] _____ зонт.

8. Что мы будем заказывать? Давайте [we'll get] _____ пиццу
   на весь стол.

9. Эта машина не [takes] _____ бензин, она электрическая.

10. Если хотите, я вам [will sell] _____ мою старую
    аппаратуру за дёшево. Она ещё хорошо работает.

09-24. (7. Verbs of taking, giving, buying, and selling). Ответьте на вопросы.

1. Вы покупаете одежду онлайн или в магазинах?
2. Что вы должны купить до начала учебного года?
3. Кто больше покупает газеты и журналы в твёрдой копии, молодые или
   пожилые?   пожилóй = старый
4. Что вы берёте каждый день на занятия?
5. Вы едете на море отдыхать. Что вы возьмёте с собой?   along with you
6. Какие продукты не продают детям?
7. Что продают в торговом центре?

09-25. (Pulling it all together). Answer the following questionnaire.

1. Какие фрукты вы любите?

   _____

2. Какие овощи вы любите?

   _____

3. Что вы любите есть на завтрак? На обед? На ужин?

   _____

Имя и фамилия _____

4. Где вы обычно завтракаете? С кем?

_____

5. Где вы обычно обедаете? С кем?

_____

6. Где вы обычно ужинаете? С кем?

_____

7. С кем вы обычно ходите в ресторан?

_____

8. Что вы обычно заказываете в ресторане?

_____

9. Что вы пьёте на завтрак? Если вы пьёте кофе или чай, то с чем вы его пьёте?

_____

10. Что вам нельзя есть?

_____

11. Что вам нельзя пить?

_____

12. Что вам надо есть каждый день?

_____

13. Какую кухню вы любите?

_____

09-26. В ресторане. Fill in the blanks in the following dialogue. Blanks require either full words or only endings. Pay attention to context and aspect.

— Что вы [1] _____ заказывать?

— [2 − What] _____ у вас горячие закуски?

— У нас есть пирожки с [3] капуст____, с [4] мяс____ или с [5] гриб_____.

— А какой суп вы нам [6] _____ взять?

— Я [7] _____ посоветую взять борщ или щи. Щи у нас очень [8] вкусн____.

— А какие [9] _____ блюда вы рекомендуете?

— Есть [10] _____ по-киевски. Есть и шашлык.

— Принесите, пожалуйтса, две [11] _____ шашлыка и мне щи.

— А [12] _____, пожалуйста, порцию борща.

— А пить что вы [13] _____?

— Две бутылки [14] _____ [15] _____ с газом.

09-27. Пойдём в ресторан! You are looking for a place to go out and eat with your friends. Go online and search for a restaurant. Some search terms might be **ресторан** or **кафе** (less formal than a restaurant), the name of the city you and your friends are in (**Москва, Уфа, Алматы, Бишкек**, etc.), and the kind of food you want (**русская кухня, грузинская кухня, узбекская кухня**, etc.). Choose a restaurant site and navigate your way to the menu. Then answer the questions as best you can.

judging by   *fut. perf. of* **нравиться**

1. Судя по меню, какие блюда вам понравятся?

Я думаю, что мне _____

Имя и фамилия _____

_____

2. ~~assume~~
Предположим, что вы или один из ваших друзей вегетарианец/
вегетарианка. Какие блюда можно заказать на обед?

Если ты вегетарианец/вегетарианка,

_____

_____

_____

_____

_____

3. Сколько будет стоить обед для одного человека, если не заказывать
алкогольные напитки?

Ну, если мы берём _____

_____

_____

_____

_____

4. Вы пришли в ресторан. Вдруг вы видите, что у вас денег мало! Что
можно заказать, если у вас только 1600 рублей?

Ну, если мы берём _____

_____

_____

_____

_____

_____

09-28. На стене́ писа́ли о фаст-фу́де. Your Russian friend from a social networking site wrote the following post. Read it and answer it, basing your comments on your own tastes *and staying within the bounds of the Russian you know.*

returned

Только что **вернулась** из США. Я всегда думала, что плохо, что у нас так

много фаст-фуда. А там… Это не только «Макдоналдс», но и тысячи

similar   impression
подобных мест. Такое **впечатление**, что все едят только пластик.

Hints: You might want to incorporate these phrases:

Не все едят только в таких ресторанах. Я, например,…
Но иногда я ем…
Если я дома, то я готовлю…
Есть и хорошие рестораны, например…, где можно взять…

Of course, you can also make up other sentences. But stick to what you know.

_____

_____

_____

_____

_____

_____

_____

_____

_____

_____

_____

_____

_____

_____

_____

09-29. Рецепты. Go to a search engine and type in a simple dish from this chapter that interests you. Some suggestions: **винегрет, оливье, блины (блинчики), пирожки**. Copy out the recipe. Read and compare two different recipes for this dish and note differences between Russian and American recipe styles (instruction styles, measurements, etc.). In class, compare the recipes you found with those your classmates found. Start a recipe collection for a Russian dinner with your classmates or Russian Club.

А ещё... Go to YouTube and look for videos of these recipes! For example: **Как готовить блины,** or simply **пирожки**. You likely won't understand everything, but you'll see how it's done!

Some words to help you:

чайная ложка — teaspoon
столовая ложка — tablespoon
добавить — add
налить ог полить — pour/pour on
резать — cut, slice
смешивать/смешать — mix

_____

_____

_____

_____

_____

_____

_____

_____

_____

_____

_____

09-30. Интервью. Imagine that you will be interviewing a Russian visitor about Russian cuisine.

a. In preparation for the interview, write ten interesting questions about food. Find out who prepares the meals in the visitor's home, what are the favorite dishes, what ingredients are needed for one of the dishes, and whatever else interests you.

1. _____

2. _____

3. _____

4. _____

5. _____

Имя и фамилия _____

6. _____

7. _____

8. _____

9. _____

10. _____

b. Using your prepared questions, conduct a class interview in Russian with a visitor or with your teacher. Be sure to listen to other students' questions and to all the answers. Take notes so that you can reconstruct the information afterwards.

c. Compare your notes with two or three other students. Did you understand the same things? Check with your teacher if you have questions.

d. Work with two or three other students to write one to two paragraphs in Russian about the information you learned during the interview.

Видео

09-31. Numbers in non-nominative. You have already seen some numbers outside the nominative case. This unit also features non-nominative numbers in an **от... до** construction (*from... to...*).

You hear	It's spelled	It sounds like
около 2 часов	двух	двух
около 3 часов	трёх	трёх
около 4 часов	четырёх	читырёх
около 5 часов	пяти	пити́
около 6 часов	шести	шысти́
около 7 часов	семи	сими́
около 8 часов	восьми	васьми́
около 9 часов	девяти	дивити́
около 10 часов	десяти	дисити́

09-32. Что любят есть студенты? Write the letter of the food next to the number of the person who likes it.

1. _____ Женя   **a. рыба**
2. _____ Аня   **b. суши**
3. _____ Валерия   **c. торт**
4. _____ Надя   **d. рис**

Женя   Аня   Валерия   Надя

_____ _____ _____ _____

09-33. Новые слова в контексте. Select the closest English meaning to each Russian word from the choices given.

1. обожа́ть
   a. adore
   b. detest
   c. allergic

2. пар
   a. barbeque
   b. steam
   c. fry

3. пече́нье
   a. cookies
   b. bread
   c. rice

09-34. Кто лю́бит гото́вить? Having an idea of what is going to be said is an important part of listening comprehension. Try to predict the answers to these

Имя и фамилия _____

questions before you watch the video.

Matvei Yurievich Ganapolsky says he likes fast food.

1. Does Matvei Yurievich also like to cook? _____

2. Which of the following foods can he cook himself?

    ☐ Chinese noodles   ☐ crêpes   ☐ fried chicken

    ☐ frozen dinners   ☐ grilled fish   ☐ grilled meat   ☐ hamburgers

Anuar

3. How does Anuar feel about cooking? _____

4. What does Anuar's girlfriend think about his cooking? _____

5. Name three things that Anuar cooks. _____

    _____

    _____

Assel. What is Assel's role in the family meal?

_____

09-35. Мы идём в магазин. Gulnar and Alina prepare to go shopping.

Али́на и её ма́ма гото́вят списо́к для магази́на. Али́на говори́т ма́ме, что ру́чка и бума́га не нужны́.

Каки́е из э́тих веще́й в спи́ске?

спи́сок – list

09-36. Магазин и его синонимы. In this video segment you'll hear and see a number of synonyms for "food store." Watch the video and mark which ones you hear.

a. _____ гастроном — small grocery store

b. _____ минимаркет

c. _____ продовольственный магазин — grocery store

d. _____ продуктовая лавка — лавка *is* shop

e. _____ продуктовый магазин

f. _____ рынок

g. _____ супермаркет

h. _____ универсам —*the old word for* supermarket, *but still in use.*

09-37. Как сказать по-русски? Now review the entire video segment and find out how to say the following:

1. I love Italian cuisine.

   _____

2. I love all forms of dishes made from fish.

   _____

   _____

> The key word here, **блин**, is commonly used as a mild curse word acceptable in normal conversation: **Ох, блин!** — *Darn it!* It's a stand-in for something stronger — which you will have to use your own resources to learn. Just remember, taboo words in a foreign language may not jar *you*. But they will jar native listeners.

3. I cook a good pancake (crêpe)

   _____

4. I make noodles with soy sauce.

   _____

   _____

5. I cook for myself alone. (Anuar gives two variants for this.)

   _____

(Anuar is a male; a woman would use the words **сама́** and **одну́**.)

6. Mama cooks. I do the cleaning. _____

_____.

7. I get a one-hour break. _____.

8. Here I am cutting bread. _____.

УРОК 10   БИОГРАФИЯ

🎧 Устные упражнения

Oral Drill 1 (1. Resemblance and review of accusative case). Say that the person showing you pictures resembles the people in the photographs.
Образец:

— Это фотогра́фия ма́мы.　　⟹　　— Вы о́чень похо́жи на ма́му!

— Это фотогра́фия бра́та.　　⟹　　— Вы о́чень похо́жи на бра́та!

Продолжайте!
Это фотогра́фия...
па́пы, тёти, роди́телей, ба́бушки, ма́тери, дя́ди, отца́, сестры́, бра́та, де́душки

Oral Drill 2 (1. Resemblance and review of accusative case). Agree with the speaker that the people look alike.
Образец:

— Сын похо́ж на отца́.　　⟹　　— И оте́ц похо́ж на сы́на.

— Мать похо́жа на дочь.　　⟹　　— И дочь похо́жа на мать.

Продолжайте!

Брат похо́ж на сестру́.	Они́ похо́жи на нас.
Муж похо́ж на мать.	Вы похо́жи на неё.
Ты похо́ж на меня́.	Ве́ра похо́жа на Макси́ма.
Мы похо́жи на вас.	Эта студе́нтка похо́жа на бра́та.
Она́ похо́жа на него́.	Де́ти похо́жи на роди́телей.

Oral Drill 3 (1. Adoption and review of accusative case). Say that the following people were adopted, using the verb matched for gender and the accusative case.
Образец:

— Боря.　　⟹　　— Борю усынови́ли.

— Ира.　　⟹　　— Иру удочери́ли.

Продолжайте!
Мари́на, Со́фия, Ма́ша, Воло́дя, Кири́лл, Фе́дя, Кристи́на, Артём, Андре́й, Ди́ма, Игорь, Рахи́ль, её брат, на́ша сестра́

Oral Drill 4 (2. Expressing location). Say where these cities or countries are located.

Образец:

Москва́ — Вашингто́н ⟹ Москва́ на восто́ке от Вашингто́на.
Алаба́ма — США ⟹ Алаба́ма на ю́ге США.

Продолжайте!

Герма́ния — Росси́я, Нью-Йо́рк — Лос-Анджелес, Сан-Дие́го — Калифо́рния, Испа́ния — Фра́нция, Ки-Уэ́ст — Флори́да, Ме́ксика — США, Бо́стон — Массачу́сетс, США — Кана́да, Нева́да — Калифо́рния

Oral Drill 5 (3. Going to elementary/high school or university). Listen for these students' level of study. Then state whether they go to elementary/high school or college.

Образец:

— Ви́тя у́чится в деся́том кла́ссе. ⟹ — Зна́чит, он у́чится в шко́ле.
— Алла у́чится на тре́тьем ку́рсе. ⟹ — Зна́чит, она́ у́чится в университе́те.

Продолжайте!

Зи́на у́чится на пе́рвом ку́рсе.   Марк у́чится во второ́м кла́ссе.
Жа́нна у́чится на четвёртом ку́рсе.   Та́ня у́чится на тре́тьем ку́рсе.
Ко́ля у́чится в шесто́м кла́ссе.   Воло́дя у́чится на второ́м ку́рсе.

Oral Drill 6 (3. Going to elementary/high school or university). When told where various people go to school, ask what year they are in.

Образец:

— Ма́ша у́чится в шко́ле.
— Да? В како́м кла́ссе она́ у́чится?

— Бра́тья Ка́ти у́чатся в институ́те.
— Да? На како́м ку́рсе они́ у́чатся?

Продолжайте!

Де́ти у́чатся в шко́ле.
Ди́ма у́чится в университе́те.
Сёстры Са́ши у́чатся в институ́те.
Анто́н у́чится в шко́ле.
До́чери сосе́да у́чатся в шко́ле.
Валéра у́чится в медици́нском институ́те.

Oral Drill 7 (3. Поступа́ть/поступи́ть *куда́*). Listen to the statements telling you how good a student various people are. Then indicate the probability that they will go to the university.

Образец:

— Я хорошо́ учу́сь. ⟹ — Ты, наве́рное, посту́пишь в университе́т.

— Ва́ря пло́хо у́чится. ⟹ — Она́, наве́рное, не посту́пит в университе́т.

Продолжа́йте!

Ми́ла хорошо́ у́чится.

Са́ша пло́хо у́чится.

Я хорошо́ учу́сь.

Бра́тья хорошо́ у́чатся.

Друзья́ пло́хо у́чатся.

Вы хорошо́ у́читесь.

Ты хорошо́ у́чишься.

Сын сосе́да пло́хо у́чится.

Oral Drill 8 (3. Поступа́ть/поступи́ть *куда́*). When told where various people go to school, ask when they entered.

Образец:

— Ма́ша у́чится в институ́те.

— А когда́ она́ поступи́ла в институ́т?

— Мы у́чимся в аспиранту́ре.

— А когда́ вы поступи́ли в аспиранту́ру?

Продолжа́йте!

Я учу́сь в ко́лледже.

Воло́дя у́чится в университе́те.

Ми́ша у́чится в аспиранту́ре.

Кири́лл и Ва́ня у́чатся в акаде́мии.

Ла́ра у́чится в гимна́зии.

Oral Drill 9 (3. Око́нчить шко́лу/университе́т/институ́т). Ask when the people will graduate.

Образец:

— Ма́ша у́чится в шко́ле. ⟹ — А когда́ она́ око́нчит шко́лу?

— Мы у́чимся в аспиранту́ре. ⟹ — А когда́ вы око́нчите аспиранту́ру?

Продолжа́йте!

Я учу́сь в институ́те.

Воло́дя у́чится в университе́те.

Ми́ша у́чится в шко́ле.

Кири́лл и Ва́ня у́чатся в аспиранту́ре.

Ла́ра у́чится в ко́лледже.

Oral Drill 10 (4. В каком году?). Check that you heard the birth years of the Russian writers correctly.

Образец:

⮐ — Юлия Вознесе́нская родила́сь в 1940-о́м году́.
⮑ — В како́м году́? В 1940-о́м году́?

Продолжа́йте!

Алекса́ндр Солжени́цын роди́лся в 1918-ом году́.

Викто́рия То́карева родила́сь в 1937-о́м году́.

Бори́с Пастерна́к роди́лся в 1890-ом году́.

О́сип Мандельшта́м роди́лся в 1891-ом году́.

Наде́жда Мандельшта́м родила́сь 1899-ом году́.

Евге́ния Ги́нзбург родила́сь в 1906-о́м году́.

Светла́на Алексие́вич родила́сь в 1948-о́м году́.

Ио́сиф Бро́дский роди́лся в 1940-о́м году́.

Ви́ктор Пеле́вин роди́лся в 1962-о́м году́.

Oral Drill 11 (5. Че́рез, наза́д). Say when various people will graduate from the university.

Образец:

⮐ — Когда́ брат око́нчит университе́т? (3, год)
⮑ — Брат око́нчит университе́т че́рез три го́да.

Продолжа́йте!

Когда́...

твой племя́нник (3, ме́сяц), ва́ша двою́родная сестра́ (4, год), их де́ти (2, неде́ля), её сын (5, год), его́ жена́ (6, неде́ля), на́ша племя́нница (7, ме́сяц), муж Ири́ны (неде́ля)

Oral Drill 12 (5. Че́рез, наза́д). Say when these people entered graduate school.

Образец:

⮐ — Когда́ Окса́на поступи́ла в аспиранту́ру? (два, год)
⮑ — Окса́на поступи́ла в аспиранту́ру два го́да наза́д.

Продолжа́йте!

Когда́...

э́та америка́нка (пять, ме́сяц), её подру́га (год), их бра́тья (три, год), его́ сосе́д (пять, неде́ля), на́ши друзья́ (два, ме́сяц), Джон (три, неде́ля), Ви́ка Соколо́ва (четы́ре, ме́сяц)

Oral Drill 13 (5. Че́рез, наза́д). Substitute with the cue given.

Образец:

Я око́нчу университе́т че́рез год.

Ма́ша ⟹ Ма́ша око́нчит университе́т че́рез год.

год наза́д ⟹ Ма́ша око́нчила университе́т год наза́д.

Продолжайте!

Ива́н, за́втра, вчера́, мы, А́нна, че́рез неде́лю, они́, че́рез 3 го́да, я, ты, 4 ме́сяца наза́д, они́

Oral Drill 14 (6. Verbal aspect). When asked if you are doing something, say that you've already finished it.

Образец:

— Вы чита́ете кни́гу? ⟹ — Мы уже́ прочита́ли кни́гу.

Продолжайте!

Вы за́втракаете?   Вы зака́зываете стол в рестора́не?

Вы обе́даете?   Вы расска́зываете о семье́?

Вы у́жинаете?   Вы пока́зываете фотогра́фии?

Вы пи́шете письмо́?   Вы гото́вите пи́ццу?

Вы смо́трите фильм?

Oral Drill 15 (Review of all tenses). You're talking to a chatterbox and you've lost your temper. Insist that you don't want to hear another word about what the person in question did, is doing, or is going to do!

Образец:

— Вы зна́ете, где отдыха́ет Жа́нна?

— Не зна́ю, где она́ отдыха́ла, где она́ отдыха́ет и́ли где она́ бу́дет отдыха́ть!

Продолжайте!

Вы зна́ете, ...

где рабо́тает Евге́ний?   где живу́т де́ти?

где у́чится Ва́ня?   где я учу́сь?

где живёт Воло́дя?   где мы рабо́таем?

Oral Drill 16 (6. New verb: пока́зывать/показа́ть). Your friend is looking for people who promised to show her their photos. Assure her that the person will show them right away.

Образец:

— Где Вади́м? Мы ещё не смотре́ли его́ фотогра́фии!
— Он их сейча́с пока́жет.
— Где они́? Мы ещё не смотре́ли их фотогра́фии!
— Они́ их сейча́с пока́жут.

Продолжа́йте!

Где...

сосе́ди, э́ти тури́сты, фото́граф, она́, на́ши друзья́, Аня, роди́тели, ва́ша племя́нница

Oral Drill 17 (6. New verb: расска́зывать/рассказа́ть). Assure your friend that he hasn't yet missed the story about how someone moved from one place to another. The story is about to be told.

Образец:

—Воло́дя рассказа́л, как он перее́хал? ⇒ —Нет, но сейча́с расска́жет.
— Вы рассказа́ли, как вы перее́хали? ⇒ —Нет, но сейча́с расска́жем.

Продолжа́йте!

Они́ рассказа́ли, как они́ перее́хали? Сосе́д...?
Валенти́на Влади́мировна...?
Ты...?
Ва́ши бра́тья...?
Вы...?

Oral Drill 18 (6. New verb: переезжа́ть/перее́хать). You're asked if various people move a lot. State that they do. Then add that they moved a year ago and will move again in a year.

Образец:

— Вы ча́сто переезжа́ете?
— Да, мы переезжа́ем ча́сто. Мы перее́хали год наза́д и перее́дем че́рез год.

Продолжа́йте!

Эта семья́ ча́сто переезжа́ет?
Брат Ве́ры...? Их де́ти...?
Роди́тели Ро́берта...?
Твой друг...? Ты...?

Oral Drill 19 (6. New verb: реша́ть/реши́ть). When asked if someone is still deciding what to do, indicate that the person has already decided.

Образец:

— Ви́тя ещё реша́ет, что де́лать? ⟹ — Нет, он уже́ реши́л.

— Ты ещё реша́ешь, что де́лать? ⟹ — Нет, я уже́ реши́л.

Продолжайте!

На́дя, Валенти́н Петро́вич, Со́фья Алекса́ндровна, Гри́ша и Пе́тя, вы

Oral Drill 20 (7. Review of motion verbs: ходи́л vs. пошёл). Answer yes to the questions. If asked whether Katya is somewhere else, answer that she has gone there (and not returned). If asked whether she was there, answer that she went there and came back.

Образец:

— Где Ка́тя? В магази́не? ⟹ — Да, она́ пошла́ в магази́н.

— Где была́ Ка́тя? В музе́е? ⟹ — Да, она́ ходи́ла в музе́й.

Продолжайте!

Где Ка́тя? На ле́кции?　　　　　Где была́ Ка́тя? В кино́?

Где Ка́тя? В бассе́йне?　　　　　Где была́ Ка́тя? На ры́нке?

Где была́ Ка́тя? На конце́рте?　　Где Ка́тя? На стадио́не?

Где Ка́тя? В рестора́не?

Oral Drill 21 (7. Review of verbs of going: е́здил ~ пое́хал). Answer yes to the questions. If asked whether various people are somewhere else, answer that they have gone there (and not returned). If asked whether they were there, answer that they went there and came back.

Образец:

— Где Ната́ша? В бассе́йне? ⟹ — Да, она́ пое́хала в бассе́йн.

— Где был Ге́на? В больни́це? ⟹ — Да, он е́здил в больни́цу.

Продолжайте!

Где Серге́й? На рабо́те?　　　　　Где была́ ва́ша тётя? На конце́рте?

Где была́ ба́бушка? На ры́нке?　　Где Игорь? В институ́те?

Где бы́ли де́ти? В музе́е?　　　　Где ва́ши сосе́ди? До́ма?

Где ру́сские студе́нты? На ле́кциях?　Где был наш преподава́тель? В

Где тури́сты? В теа́тре?　　　　　　Росси́и?

Где был твой ста́рший брат? На стадио́не?

Oral Drill 22 (8. Have been doing). How would you say how long various people have been in college?

Образец:

⤹ Ско́лько вре́мени э́тот студе́нт у́чится в университе́те? (6, ме́сяц)

⤷ Он у́чится в университе́те шесть ме́сяцев.

Продолжайте!

Ско́лько вре́мени у́чится...

твой друг (2, год)

ваш племя́нник (3, ме́сяц)

его́ дочь (4, год)

их внук (7, ме́сяц)

сестра́ Серге́я (2, неде́ля)

её двою́родный брат (1, год)

Числительные — Годы

10-01. Listen to the recording and write down the years of birth of these famous people.

год рожде́ния

1. Юрий Гага́рин (пе́рвый космона́вт)   _____

2. Земфи́ра Рамаза́нова (рок-певи́ца)   _____

3. Влади́мир Пу́тин (полити́ческий де́ятель)   _____

4. Евге́ний Касперский (программи́ст)   _____

5. Рена́та Литви́нова (киноактри́са)   _____

6. Юрий Дудь (журналист)   _____

7. Людми́ла Ули́цкая (писа́тель)   _____

8. Илья́ Глазуно́в (худо́жник)   _____

9. Алексе́й Балаба́нов (кинорежиссёр)   _____

10. Бе́лла Ахмаду́лина (поэ́т)   _____

Фонетика и интонация

IC-4 in questions asking for additional information

Intonation contour (IC-4)
IC-4 is used for questions beginning with the conjunction **a** that ask for additional information on the topic at hand. The best English equivalent is "And what about...?" IC-4 is characterized by a low rising tone:

                  3   1
— Когда́ мне бы́ло 10 лет, мы перее́хали в Кли́вленд.

— А до э́того? — А пото́м?

                  1   1
— До э́того мы жи́ли в Чика́го. — А пото́м мы перее́хали в Да́ллас.

Keep in mind that not all utterances beginning with **a** feature IC-4, only those which ask for additional information.

10-02. IC-4. Determine which of the sentences below can be expected to have IC-4. Then listen to the recording to see if you were correct.

1. — Кто э́то на фотогра́фии?
2. — Брат.
3. — А э́то?
4. — Сестра́. Вот сестра́ родила́сь в Ирку́тске.
5. — А брат? Он то́же из Ирку́тска?
6. — Нет, он роди́лся и вы́рос в Новосиби́рске. Пото́м он перее́хал в Москву́ рабо́тать.
7. — А институ́т? Како́й институ́т он око́нчил?
8. — А он не учи́лся в институ́те. Он сра́зу пошёл рабо́тать.
9. — А сестра́? Она́ учи́лась в институ́те?
10. — Она́ ещё у́чится. В медици́нском. На пя́том ку́рсе.
11. — А пото́м?
12. — Пото́м ордина́ту́ра.
13. — А по́сле э́того?
14. — Рабо́та в го́спитале.

10-03. Ударе́ние. Do you remember where the stress goes on these new and old words? Mark the ones in boldface. Check yourself against the recording.

1. Ануар жил во многих **городах**, потому что его семья **переезжала** часто. Когда Ануар **учился** в **девятом** классе, его семья переехала в **другой** город. А когда Ануар **переходил** в **десятый** класс, семья переехала ещё раз.

2. Младшая сестра **родилась** в 2005 (две тысячи **пятом**) году. А брат родился в 2007 (две тысячи **седьмом**) году.

3. Ксения **учится** на «отлично». Правда, она только в **восьмом** классе, но все думают, что она **поступит** в престижный университет.

4. На **западе** России, в европейской части **страны**, много больших **городов**, а в Сибири и на Дальнем **Востоке** население **небольшое**, особенно на **севере** этого региона.

Письменные упражнения

10-04. (1. Resemblance). Following the model, write that the following people look alike.

дочь, Иван $\implies$ Дочь похожа на Ивана.

1. Маша, бабушка

   _____

2. сын, отец

   _____

3. этот молодой человек, родители

   _____

4. Вадим, братья

   _____

5. дедушка, наш президент

   _____

6. Лена, тётя

   _____

7. Анна, сёстры

   _____

10-05. Write five sentences about your resemblance to members of your family.

1. _____

2. _____

3. _____

4. _____

5. _____

10-06. (1. Adoption). Write that the following people were adopted.

Иван   ⟹   Ивана усыновили.
Ира   ⟹   Иру удочерили.

1. Моя младшая сестра: _____.
2. Наш старший брат: _____.
3. Их племянница Вера: _____.
4. Его племянник Саша: _____.
5. Их дети: _____.

10-07. (2. Expressing location). Fill in the blanks with the appropriate word, consulting a map.

1. Новгород на _____ от Санкт-Петербурга.
2. Новосибирск на _____ от Иркутска.
3. Екатеринбург на _____ от Москвы.
4. Вильнюс на _____ от Минска.
5. Нур-Султан на _____ от Алматы.
6. Улан-Удэ на _____ от Иркутска.
7. Томск на _____ от Омска.
8. Якутск на _____ от Хабаровска.

10-08. (2. Expressing location). Describe the location of your hometown with respect to the following cities. Remember that foreign nouns ending in **-о** or **-и** do not decline.

1. Чикаго

_____

2. Атланта

_____

3. Лос-Анджелес

_____

4. Сан-Антонио

_____

5. Филадельфия

_____

10-09. (3. поступать/поступить _куда,_ окончить _что_). Insert the preposition **в** where needed.

1. Лариса окончила _____ школу в 2000-ом году. Потом она поступила _____ университет.

2. Её знакомые Гриша и Яша уже окончили _____ университет.

3. Когда Гриша окончил _____ университет, он поступил _____ аспирантуру.

4. Брат Ларисы поступал _____ медицинский институт, но не поступил.

5. Её сестра окончила _____ гимназию в прошлом году.

10-10. Express the following questions in Russian. Do not translate word for word; rather, use the needed Russian structures. Use **вы.** Pay special attention to verb tense.

1. When did you graduate from school?

_____

2. When did you enter the university?

_____

3. When did your mother finish graduate school?

_____

4. Will your brother enter an institute when he finishes high school?

_____

_____

5. Do all Russian schoolchildren apply to the university?

_____

10-11. (Education vocabulary: в классе vs. на курсе). Fill in the blanks with the appropriate words. You should be able to tell which grade or class the people mentioned are in based on the information about Anya in the first sentence, or from context.

Аня учится в школе, [1] _____ первом [2] _____. Её брат

Миша на два года старше. Он учится [3] _____ [4] _____

[5] _____. Их сосед Андрей поступил в

институт в сентябре. Значит, он учится [6] _____ [7]_____

[8]_____. Сестра Андрея окончит институт в июне. Значит,

она учится [9] _____ [10] _____ [11] _____.

10-12. (Education vocabulary). Answer in complete sentences. If you do not know the answers about Russian schools, look them up on the Web. Write your answers by presenting old information at the beginning and new information at the end. For example:

> Сколько классов в американской школе?
> В американской школе...

1. Сколько классов в американской школе?

_____

_____

2. Сколько классов в русской школе?

_____

_____

Имя и фамилия _____

3. Сколько лет обычно учатся американские студенты? (Внимание: студент ≠ школьник!)

_____

_____

4. Сколько лет обычно учатся русские студенты? (Внимание: студент ≠ школьник!)

_____

_____

10-13. (Education vocabulary, personalized). Answer in complete sentences. Use the following phrases if you need them:

- No one is in (grade/high) school. = **Никто не учится в школе.**
- No one is in college/university. = **Никто не учится в университете.**

1. На каком курсе вы учитесь?

_____

2. Сколько лет вы еще будете учиться?

_____

3. Кто в вашей семье учится в школе? В каком классе?

_____

4. Кто в вашей семье учится в университете? На каком курсе?

_____

10-14. (4. Expressing year when—personalized). Answer the following questions in complete sentences. If you do not have the relative(s) asked about in a question, skip that question. ***Write numbers as words and add in accent marks***. Practice saying the sentences until you can do so quickly and confidently.

1. В каком году вы родились?

    _____

    _____

2. В каком году родились ваши родители?

    _____

    _____

    _____

3. В каком году родились ваши братья и сёстры?

    _____

    _____

    _____

    _____

4. Вы женаты (замужем)? В каком году родилась ваша жена (родился ваш муж)?

    _____

    _____

5. Если у вас есть дети, в каком году родились ваши дети?

    _____

Имя и фамилия _____

_____

_____

_____

10-15. (5. Через, назад). Using a time expression with **через** or **назад,** pick five questions below and answer them in complete sentences.

1. Когда вы окончили школу?
2. Когда вы поступили в университет?
3. Когда вы окончите (окончили) университет?
4. Когда вы были в России?
5. Когда вы едете в Тулу?
6. Когда вы первый раз ездили в Вашингтон?
7. Когда вы слушали радио?
8. Когда вы будете читать русскую литературу на русском языке?
9. Когда вы будете отдыхать?
10. Когда вы будете смотреть телевизор?

_____

_____

_____

_____

_____

_____

_____

_____

10-16. (6. Verbal aspect: past tense). Enter "i" in the first blank next to imperfective verbs and "p" next to perfective verbs. In the following blank, write the boldface keyword that best accounts for your choice.

Focus on...
length of action
process of the action itself
result of the action
present tense verb
completed single action
repeated action
MD (multidirectional) going verb

Образец:
Летом мы ездили _i_ _MD_ в Узбекистан.

1. Вчера Лена долго __ _____ читала книгу. Наконец она её __

    _____ прочитала.

2. Андрей долго __ _____ писал письмо. Теперь он его __ _____

    написал.

3. — Американцы часто __ _____ переезжают?

    — Да. Мы, например, __ _____ переезжали часто. Когда мне было

    10 лет, мы __ _____ переехали в Чикаго.

4. — Вы __ _____ обедаете?

    —Нет, уже __ _____ пообедала.

5. Вы __ _____ читали «Братьев Карамазовых»?

6. — Вы __ _____ слушаете запись текста?

    — Мы её уже __ _____ послушали. Теперь __ _____ слушаем

    музыку.

7. — Вы уже __ _____ купили новый шарф?

8. — Что вы __ _____ делали вчера?

    — __ __Ходила в кино, __ _____ читала, __ _____ отдыхала.

9. — Вы вчера __ _____ писали письмо?

    — Да, и __ _____ написала.

10. Мы __ __пошли в центр, __ _____ купили овощи и __ _____ приготовили вкусный ужин.

11. Соня обычно __ _____ покупала газету, но вчера Витя __ _____ купил её.

12. На прошлой неделе Гриша __ _____ читал газету каждый день.

13. Вера часто __ _____ заказывала стол в ресторане.

14. Лара редко __ _____ заказывала билеты, она обычно __ _____ покупала их в театре.

ticket

15. Мы __ _____ заказали билеты в театр.

10-17. (6. Verbal aspect: past tense). Skim the following passage. You do not know every word in it, but you should be able to understand a great deal of it. Then read it again, and determine whether the verbs in bold are imperfective or perfective? Mark "i" in the first blank next to imperfective verbs and "p" next to perfective verbs. In the following blank, write the boldface keyword that best accounts for your choice.

Focus on...
length of action
process of the action itself
result of the action
present tense verb
completed single action
repeated action
MD (multidirectional) going verb

Здравствуйте! Меня зовут Анна. Я [1] __ _____ **родилась** в Берлингтоне, штат Вермонт. Но когда мне было два года, наша семья [2] __ _____ **переехала** в Вашингтон. Я там и [3] __ _____ **выросла.** Когда я была маленькой, я всё время [4] __ _____ **читала.** Родители меня всегда [5] __ _____ **спрашивали:** «Что ты всё время сидишь дома? Иди лучше на улицу». А я всегда [6] __ _____ **отвечала:** «Мне и так хорошо». Родители ничего не [7] __ _____ **понимали.** Когда мне было семнадцать лет, я [8] __ _____ **поступила** в университет на факультет

английского языка. В университете [9] __ _____ **училась** очень хорошо.
Все преподаватели мне [10] __ _____ **советовали** поступить в
аспирантуру. Но у меня не было денег. Поэтому когда я [11] __ _____
окончила университет, я [12] __ _____ **решила** пойти работать. Я
[13] __ _____ **думала** так: «Сначала я поработаю, заработаю деньги,
потом [14] __ _____ **поступлю** в аспирантуру». Через два года я [15] __
_____ **поступала** в Мичиганский университет, но не [16] __ _____
поступила. Наконец, в 1991-ом году я [17] __ _____ **поступила** в
аспирантуру. Моя специальность — американская литература. Как видите,
всё хорошо, что хорошо кончается.

10-18. (6. Verbal aspect: past tense). Select the appropriate verbs.

1. Вчера мы [покупали / купили] газету вечером, но раньше мы всегда
   [покупали / купили] её утром.

2. Когда мы жили в Воронеже, мы часто [заказывали / заказали] билеты в
   театр. Мы их [заказывали / заказали] по телефону.

3. Наша семья часто [переезжала / переехала]. Например, в 86-ом году мы
   [переезжали / переехали] в Кливленд, а в 87-ом году мы [переезжали /
   переехали] в Олбани.

4. Раньше Ксана всегда [читала / прочитала] Толстого. Вчера она [читала /
   прочитала] книгу Достоевского.

5. Петя часто [писал / написал] письма.

6. Наташа и Вера редко [покупали / купили] книги. Они обычно [читали /
   прочитали] их в библиотеке. Но вчера они [покупали / купили] книгу.

7. — Надя показывает квартиру? — Она её уже [показывала / показала].

8. — Что делал Ваня вчера? Он [рассказывал / рассказал] о семье.

9. — Костя рассказывает об Америке? — Он уже всё [рассказывал /
   рассказал].

10. — Дети обедают? — Они уже [обедали / пообедали].

11. — Что делали дети? — Они [обедали / пообедали].

12. — Вы ужинаете? — Нет, мы уже [ужинали / поужинали].

13. Когда Сергею было 10 лет, он всегда [читал / прочитал] книги.

14. Вчера мы [покупали / купили] продукты, [готовили / приготовили] ужин и [ужинали / поужинали] дома.

15. Раньше мы редко [покупали / купили] продукты и [ужинали / поужинали] дома.

16. Вчера мы весь день [готовили / приготовили] ужин.

10-19. (6. Verbal aspect: past tense). Fill in the blanks with an appropriate past-tense verb.

1. — Вы обедаете?
   — Нет, мы уже _____.
2. — Вы читаете газету?
   — Нет, я её уже _____.
3. — Вы готовите ужин?
   — Нет, мы его уже _____.
4. — Мария пишет упражнение?
   — Нет, она его уже _____.
5. — Алёша смотрит программу?
   — Нет, он её уже _____.
6. — Дети показывают фотографии?
   — Нет, они их уже _____.
7. — Рик рассказывает о Флориде?
   — Нет, он уже _____.
8. — Он поступает в аспирантуру?
   — Он уже _____.
9. — Она переезжает?
   — Она уже _____.
10. — Кира решает, где учиться?
    — Она уже _____.
11. — Света заказывает стол в ресторане?
    — Она его уже _____.
12. — Вы покупаете словарь?
    — Мы его уже _____.

10-20. (7. Review of motion verbs: ездил vs. поехал, ходил vs. пошёл). Fill in the blanks with the appropriate form of the needed verb.

1. — Где Иван? — Он _____ в Москву.

2. — Где была Маша неделю назад? — Она _____ в Киев.

3. — Где Анна? — Она _____ в кино.

4. — Где она была вчера? — Утром _____ на рынок.

5. — Где были родители? — Они _____ в Тверь.

6. — Где дети? — Они _____ в школу.

7. — Где Андрей? — Он _____ в Петербург.

8. — Где вы были неделю назад? — Мы _____ в Ереван.

9. — Где вы были во вторник? — Мы _____ в зоопарк.

10. — Где профессор? — Он _____ в библиотеку.

10-21. (7. Verbs of motion review). Translate into Russian. Stay close to the English word order.

1. "Where is your daughter?" "She went to Chicago."

   _____

   _____

2. "Where did your parents go last year?" "They went to Italy."

   _____

   _____

3. "Where are the kids?" "They went to the pool."

   _____

   _____

4. "Where were you on Saturday?" "I went to a concert."

   _____

   _____

5. "Where is he going?" "He's going to the store."

_____

_____

6. "Do your friends often go to the theater?" "Yes, they go often."

_____

_____

7. "Where was Vanya a week ago?" "He went to the dacha."

_____

_____

8. "Where is your teacher?" "She went to the library."

_____

_____

10-22. (8. Have been doing). Express in Russian. Write out numbers as words.

1. "How long have you been living in the dorm?" "I've been living there for three years."

_____

_____

2. "How long has your sister been going to college?" "She has been going to college for four months."

_____

_____

_____

3. "How long has your nephew been studying Russian?" "He has been studying it for a year."

_____

_____

_____

_____

4. "How long have your friends been working here?" "They have been working here for just a month."

_____

_____

_____

_____

10-23. (8. Have been x-ing—personalized). Complete the following sentences so that they are factually and grammatically accurate.

1. Я давно..._____

2. Мои родители давно..._____

3. Я изучаю русский язык..._____

10-24. (Review). Compose an accurate paragraph in Russian by putting the correct endings on the following elements. Do not change word or sentence order and do not add any words.

[1] У / Кирилл / и / Наташа / двое / дети. [2] Сын / уже / учиться / в / институт. [3] Он / туда / поступить / два / год / назад. [4] Его / сестра / ещё / учиться / в / школа. [5] Она / учиться / в / десятый / класс. [6] Когда / она / окончить / школа, / она / хотеть / пойти / работать.

1. _____

2. _____

Имя и фамилия _____

3. _____

4. _____

5. _____

6. _____

10-25. Вы знаете, как это сказать по-русски? Can you render the sentences below? You won't be able to do all of them. Pick the ones you think you should be able to do.

1. When Oksana graduated from high school in Saint-Petersburg, she enrolled in college. When she finished college, she got a job. She worked in a small company.
2. But Oksana was bored in her job. So she quit. She decided to move. Since she doesn't like cold weather, she decided to move to the south, to Sochi.
3. Sochi is a major vacation resort on the coast of the Black Sea, so Oksana found a job in tourism.
4. In Sochi, Oksana lives in a small apartment with friends.
5. Oksana likes Sochi, but still she often travels to Saint-Petersburg, where she has many friends.
6. Oksana's parents also live in Saint-Petersburg.
7. Every summer they come to Sochi to visit her.

10-26. Подготовка к интервью. Pick three famous living Russians in whom you are interested. Use Wikipedia (in English or Russian) to find out as much information as possible about him/her and family. Then compose a question-answer dialog such as the following:

— Как зовут автора романа «Generation П»?
— Его зовут Виктор Пелевин.
— Сколько ему лет?
— Сейчас ему _____ лет. Он родился в 1962 году.
— Какое у него образование?
— Он окончил Московский энергетический институт в 1985 году.
— Что мы знаем о его семье?
— В Википедии рассказывают, кто были его родители.

If you pick a historical figure from the past, everything must be in the past tense:

— Как **звали** первого человека в космосе?
— Его **звали** Юрий Гагарин?
— Когда он **родился**?
— Он **родился** в 1934 году.
— Какое у него **было** образование?
— Он **поступил** в Саратовский индустриальный техникум в 1951 году.
— Что мы знаем о его семье?
— У него **были** две дочери.

Vary your questions according to the information you find.

_____

_____

_____

_____

_____

_____

_____

_____

_____

_____

_____

_____

_____

_____

10-27. Интервью. You have been asked to write a feature article for your local newspaper about one of the people who you looked up in 10-26.

1. Bring your interview questions to class. Compare your questions with those of another class member. Help each other determine the appropriateness and accuracy of your questions.
2. Conduct the interview. Your teacher or a visitor will play the role of the celebrity; you may provide your own answers found on the Internet as a guide. Be sure to take notes!
3. On the basis of your interview notes, write the newspaper article in English. This will allow you and your teacher to evaluate how much of the interview you were able to understand.

_____

_____

_____

_____

_____

_____

_____

_____

_____

_____

_____

_____

_____

10-28. Выступле́ние. Consult a Russian online encyclopedia or Wikipedia in Russian.

1. Find basic information on a Russian cultural figure (e.g. where s/he was born, grew up, lived, and worked). You may pick someone from the list below, someone whom you had already researched above (but not written up for the school newspaper), or someone else.

   Никола́й Бердя́ев, Юрий Гага́рин, Алекса́ндр Ге́рцен, Фёдор Достое́вский, Ольга Кни́ппер, Алекса́ндра Коллонта́й, Наде́жда Кру́пская, Ве́ра Пано́ва, Ма́йя Плисе́цкая, Серге́й Проко́фьев, Алекса́ндр Пу́шкин, Ио́сиф Бро́дский, Валенти́на Терешко́ва, Лев Толсто́й, Пётр Чайко́вский, Анто́н Че́хов, Влади́мир Маяко́вский, Дми́трий Шостако́вич, Серге́й Проко́фьев, Васи́лий Канди́нский, Марк Шага́л, Серге́й Эйзенште́йн, Була́т Окуджа́ва, Влади́мир Высо́цкий, Рудо́льф Нуре́ев (Нури́ев), Михаи́л Бары́шников, Людми́лаУли́цкая, Евге́ний Гришкове́ц, Рена́та Литви́нова, Алла Пугачёва, Ви́ктор Цой, Земфи́ра, Мани́жа

2. Present your findings to the class. Remember to use what you know, not what you don't.

3. Take notes as your classmates give their presentations.

Видео

In this video segment you will hear three people describe their life experiences: Aleksandr Otsupok, a sports figure, Matvey Ganapolsky, a journalist, and Anna Danilevskaya, a language teacher.

А. Алекса́ндр Па́влович Отсупок. This segment uses the following words:

пожило́й — elderly

пережи́ть — to live through; to suffer through

сверхдержа́ва — superpower

дре́вний — ancient

педаго́г — teacher

соревнова́ние —competition

война́ — war

нача́ться —to begin; нача́ло — beginning

объяви́ть — to announce

You met Aleksandr Pavlovich in a previous segment. Here he reminds you of how old he is. Before you watch the segment, review a bit of the history he has seen. What were the main events going on in the Soviet Union at the following times:

Early 1940s when Otsupok was a small child.
1960s and 1970s in Soviet sports, when Otsupok was a young man.
Late 1980s, early 1990s, when Otsupok was in his 40s.

10-29. Что вы узнали? Now watch the segment concentrating on these points:

1. When was Aleksandr Pavlovich born? _____

2. What sort of athletics did he do? _____

3. How old was he when he stopped competing? _____

4. What did Aleksandr Pavlovich do once his performing days were over? _____
_____

5. What was the earliest historical event he remembers? How old must he have been at the time? _____

6. How does Otsupok remember the period immediately after World War II.
_____

7. What was the last historical event that Otsupok mentions? _____
_____

В. Матвей Ганапольский. First, acquaint yourself with the journalist's vocabulary.

важно — important
время — time (neuter, like **имя**): **шло время** — time passed
вести (веду, ведёшь, ведут) — to host (*a show*), *literally* to lead. *A TV host is a* **ведущий** *or* **ведущая**.
заниматься *чем* — to be involved in something. *Note that by itself,* **заниматься** *is* to study (do homework). *But adding a noun in instrumental gives the sense of* do, *as in* **Чем занимаются родители?** — What do your parents do? **Мы занимаемся спортом** — We do sports.
заработок — earnings; wage
захотелось — got the urge to: *(dative construction),* e.g. **Мне захотелось работать на радио.** — I got the urge to get a job in radio.

незави́симый — independent

откры́ть — *in addition to* open, *it means* discover: **откры́л це́лый мир** — discovered a whole new world

переда́ча — broadcast; radio/TV program

перестро́йка — perestroika, the restructuring of the Gorbachev era (1985–1991) that led to the fall of the Soviet Union

пласти́нка = вини́льный диск

ря́дом *с чем* — next to: *What country was Lvov close to?*

сове́тский — Soviet

    сове́тская власть — Soviet power / rule

    сове́тские времена́ — Soviet times

    Сове́тский Сою́з — Soviet Union

ю́ный = молодо́й

10-30. Ю́ный Матве́й. Заполните пропуски.

Матве́й жил в го́роде Львов, на [1] _____ Украи́ны.

Этот го́род нахо́дится ря́дом с [2] _____. Матве́й впервы́е

узна́л о гру́ппе «Би́тлз», потому́ что он слу́шал [3] _____

радиоста́нции, там игра́ли за́падную му́зыку.

Пласти́нку «Би́тлз» мо́жно бы́ло купи́ть то́лько на [4] _____

_____. Матве́й зако́нчил шко́лу в сове́тские

[5] _____. По́сле оконча́ния шко́лы Матве́й

пое́хал [6] _____ в Москву́.

10-31. Нача́ло карье́ры.

1. In what year did Ganapolsky start in radio? _____

2. What kind of programs did he do at first? _____

3. What was special about Echo of Moscow? _____

4. What was Ganapolsky's pay when he first started to work at Echo of Moscow?

    _____

5. How long has Ganapolsky worked at Echo of Moscow? _____

C. Анна Данилéвская. Новые слова

выпускны́е экза́мены — school exit exams. You read about the **ЕГЭ** (**Еди́ный госуда́рственный экза́мен** or Unified State Exam) previously. Students take that exam in the last year of high school — eleventh grade. It also serves as a college entrance exam. The **ОГЭ** (**Основно́й госуда́рственный экза́мен** — Basic State Exam) is for students who choose to complete their education in vocational training — in a **те́хникум** or **колле́дж**.

связь — communication; connection: **колле́дж свя́зи** — communication school. *But this is about the technical aspects of the communications infrastructure, such as the laying of fiber-optic cables.*

тече́ние — course; flow: **в тече́ние го́да** — over the course of a year

о́пыт — (work) experience

госуда́рство — state; nation-state, *synonym for* country.

рассве́т — dawn

Before adulthood there's...

де́тство — childhood (until about puberty)

ю́ность — youth (about middle school age in North America)

мо́лодость — youth (late teenage years till around 30)

10-32. Города́ Да́льнего Восто́ка. Anna mentions two cities where she was born and grew up in the Russian Far East. Find **Комсомо́льск-на-Аму́ре** and **Хаба́ровск** on a map.

10-33. Об Анне Данилéвской. Что сказала Анна о своём детстве? Check everything that is correct.

☐ Anna teaches Russian to Americans applying to college in Russian-speaking universities.

☐ Anna now lives in Khabarovsk.

☐ Anna moved to where her husband lives.

☐ Anna took college courses in Chinese.

☐ Anna's parents spent a year teaching in China.

☐ At the time, Anna found China more economically advanced than Russia.

10-34. Смотри́те конте́кст! Figure out the meanings of the following words from their context.

1. Герма́ния напа́ла на Сове́тский Сою́з _____

2. Распа́д Сове́тского Сою́за _____

3. Я всё бо́льше и бо́льше слу́шал ра́дио _____

4. И в Росси́и появи́лась пе́рвая незави́симая радиоста́нция _____

   _____

5. Я стал вести́ полити́ческие переда́чи _____

   _____

6. Год за го́дом _____

7. В Кита́е был рассве́т, почти́ рассве́т. (What do you think was meant by

   that?) _____

   _____

10-35. Instrumental case. New uses. The interviews give us two new uses of the instrumental case, covered in detail in Book Two. This is just a preview.

1. **занима́ться** *чем* — **Занима́ться** with *instrumental* means not *to do homework*, but to be *involved with an activity*:

   Кто **занима́ется спо́ртом**? — Who is *involved with sports*? or Who *does sports*?
   Чем занима́ются роди́тели? — *What* do your parents *do* for a living?
   Я **занима́юсь** поли́тикой — I'm into politics.

2. **Быть** *кем* — to be *something*. The verb **быть** (and a number of other verbs as well) often take instrumental, especially when talking about professions or stages of life, e.g.

Он тогда́ **был ма́льчиком.**	He *was a boy* back then.
Она́ **была́ ма́ленькой де́вочкой.**	She *was a small girl*.
Ма́льчик хоте́л быть **музыка́нтом.**	The boy wanted to *be a musician*.

This does not happen in the present tense, when we drop the verb entirely: Она ма́леньк**ая** де́воч**ка**.

In the passages you listened to, find one example of **быть** and the past tense.

10-36. Beginning and ending. Look at these sentences and their translations:

По-ру́сски	По-англи́йски	Досло́вно - literally
Война́ начала́сь. Война́ зако́нчилась.	The war began. The war ended.	The war began itself. The war ended itself.

But Матве́й Юрьевич зако́нчил **шко́лу и на́чал рабо́тать на ра́дио** — without the reflexive endings — because he finished *something else* — school and started *something else*, an activity — working. We will delve into the use of reflexive verbs in this and other contexts in Book Two.

Стал is the past tense of **стать**. Here it takes an infinitive and means *start to* (**она́ ста́ла рабо́тать** — *she started to work*). This initial exposure to **стать** is also part of a wider topic to be covered in Book Two.

For the time being, see if you can recognize any of the words for *beginning* and *ending* in the video. Fill in the blanks:

1. По́сле э́того _____ слу́шать радиоста́нции, где не то́лько была́ му́зыка, но и разгова́ривали.

2. Когда́ я _____ шко́лу — э́то бы́ли ещё сове́тские времена́ — я всё-таки на ра́дио при сове́тской вла́сти сде́лал свою́ пе́рвую переда́чу.

3. Я по́мню, нам объяви́ли, что _____ война́.

4. _____ перестро́йка.

5. Карье́ру на ра́дио Матве́й Юрьевич _____ в

   Москве́. А _____ всё с му́зыки «Битлз».

Имя и фамилия _____

10-37. Как по-русски? Use the interviews to find out how to say the following things.

1. World War II _____

2. It was a hard time _____

3. I lived through the post-war time _____

   _____

4. I now host programs on radio and television. (*Listen closely to "television"!*)

   _____

   _____

5. They invited my parents to work in China.

   _____